TAKE
SHOBO

# 転生悪役王太子妃は推しの幸せのため離婚したい!

## なのに旦那様の溺愛が止まりません!?

東 万里央

*Illustration*
KRN



蜜猫
Mitsuneko F

*contents*

イラスト／KRN

# 転生悪役王太子妃は推しの幸せのため離婚したい！

## なのに旦那様の溺愛が止まりません!?

# 第一章　悪役なのに溺愛される⁉

今宵《こよい》は満月だ。春に相応《ふさわ》しい穏やかな光が王宮の庭園にある色とりどりの薔薇《ばら》を照らし出している。

日中は生命を謳歌《おうか》し咲き誇っていた花々は、ひっそりと夜露に濡《ぬ》れ妖しい美しさを湛《たた》えている。中でも大輪の深紅の一輪がもっとも目を引いた。

群を抜いて華やかかつ高貴で、女王然としている。この薔薇が人の姿を取るならば、一体どのような女になるのか——まさにその甘美な問いの答えとなる令嬢が、王太子夫妻の寝室のベッドに横たわっていた。

純白のシーツの上に広がる緩やかに波打つ髪は、月光を受けた大輪の薔薇と同じ真紅。同じ色の三日月型の眉の下には、煙る睫毛《まつげ》に縁取られた黄金に近い琥珀色《こはくいろ》の瞳があった。

陶磁器を思わせる滑らかな頬《ほお》は薄紅色に染まり、品のある鼻と濡れた唇から吐き出される息は少々荒い。

更にいつもは気が強そうに見えるその目は、今は年頃の乙女らしい羞恥心に潤んでいた。はだけた繊細なレースの寝間着の胸元から、ミルク色の豊かな乳房がまろび出そうになっている。

怯《おび》えて小刻みに震える優美な手が、自分に伸《の》し掛《か》かる男の二の腕を掴《つか》んだ。

「そ、その、ちょ、ちょっとだけ待ってくださいませんか？」

令嬢とは対照的な色彩の青年だった。乱れた髪と眉は冴《さ》え冴《ざ》えとした銀で、切れ長の双眸《そうぼう》は氷のように冷たい深い青である。だが、今は令嬢の髪の真紅を映し、情欲の炎にも染まっていた。

すっと通った鼻と薄い唇からは生まれ育ちのよさと知性が、鋭利な頬の線にはストイックな男性らしさが感じられる。

年の頃は令嬢と五、六歳差――恐らく二十代前半だろう。だが、どんな修羅場を潜《くぐ》り抜《ぬ》けてきたのか、その目付きにはすでに父王をも凌《しの》ぐ落ち着きと凄《すご》みがあった。

令嬢より頭一つ分高い長身痩躯《そうく》であることも大きいだろう。剣と乗馬で鍛えられた裸身の肩は逞《たくま》しく胸は厚く、剥《む》き出《だ》しの腕も思い描いていたよりも長い。腹部は引き締まって六つに割れていた。

こんなに着痩せしているとは思わなかったと、令嬢は――ローザリンデは心の中で独りごちた。

生まれて初めて男の肉体を目にした乙女には刺激が強すぎる。この上自分も生まれたままの姿になると思うとますます頬が熱くなった。

青年が――ヴァルターが寝室の扉を叩《たた》くまでは、むしろ期待に胸を膨らませていたはずなのに。ベッドに押し倒され、寝間着を脱がされそうになった途端、事前準備に不足があったのではないかと我に返ってしまったのだ。

「な、なんだか緊張しちゃって……」

気の強そうな美貌から漏れ出た声は、信じられないほどか弱かった。

ローザリンデは長年の婚約者であるこの青年――王太子ヴァルターと式を挙げ、皆に祝福され、純潔を捧《ささ》げて夫婦となるこの日を待ちわびていたはずだった。

この日のために太らないように気を付け、髪の一筋まで丁寧に手入れをし、入念に肌を磨き上げたのだ。

なのに、今更香油は薔薇よりもジャスミンの香りの方がよかったか、爪は見栄えから少々長めに整えてきたが、もう少し短い方がよかったかと気になってきてしまう。

ヴァルターがくすりと笑って令嬢の頬を撫《な》でる。

「今夜の君はいつもよりずっと可愛《かわい》く見える。それに、この薔薇の香り、よく似合っている」

「えっ……」

「このまま食べてしまいたいくらいだ」

「ば、薔薇は食べるものでは……ありませんよ」

気になっていたところを褒められて、羞恥心が喜びに変わる。

今までは二人きりになると、擦り寄り、甘え、これでもかと「好きです」「愛しています」と飽きもせずに繰り返していた。

そうだ、いつもと同じように甘えればいいのだと、そっとヴァルターの後頭部に手を回す。

その体温を感じるとほっとして、ようやく心の準備が整った。

ヴァルターがベッドを軋《きし》ませつつローザリンデの顔を覗《のぞ》き込《こ》む。

「君だけを愛しているよ、ローザリンデ」

「私もで……んっ」

柔らかく熱い感触に全身がびくりと震える。恐れをなしてつい目を閉じてしまったが、より感覚が鋭敏になり逆効果でしかなかった。

大聖堂の挙式での誓いの清らかなそれとは違う、深く淫らな口付けだった。

「あ……ん」

呼吸の仕方がわからず、次第に苦しくなってくる。同時に、その熱に唇が蕩《とろ》けそうになった。

「あ……ン」

反射的に身を捩《よじ》って逃げようとしたが、顎を掴まれ、腰を押さえ付けられていて動けない。自分の力はこうもか弱いのかと思い知る。

「……はっ」

ようやく解放され、一息吐《つ》けたかと思いきや、今度は開いた唇の狭間《はざま》にぬるりとした何かが滑り込んできた。

「……ん、んんんっ」

舌だと気付いた時にはみずからのそれを先で小突かれ、歯茎をなぞるように舐《ねぶ》られてしまう。

「ん……うっ」

喉の奥から熱い息がせり上がってきたが、行き場をなくして口内に溜《た》まる。

「……ん……うぅん」

舌を引いて逃れようとしたのだが、ヴァルターがそんな真似《まね》を許すはずもない。素早く絡め取られてしまい、ざらりとした表面の感触に背筋がぞくりとした。

「ん……ぅん」

ヴァルターの舌が動くたびにくちゅっと濡れた音がする。軽く噛《か》まれると反射的に背が跳ね、離れた唇と唇の狭間に銀色の糸が引かれた。

「はっ……ふ……」

ようやく空気にありつけたのに、呼吸が乱れてろくに吸い込めない。目の奥から涙が滲《にじ》み出てしまう。

ヴァルターはそんなローザリンデを青い瞳で食い入るように見下ろしていたが、潤んだ目元を指先で拭いながら感慨深げにぽつりとこう呟《つぶや》いた。

「君のこの表情は……私だけが知っているのだな」

そんな顔とは一体どんな顔なのか――ローザリンデがそう尋ねる間もなく、乱れた寝間着の胸元に骨張った指の長い手が触れた。

「ひゃっ」

思わず目を見開く。

ヴァルターが寝間着をそっと剥《は》ぎ取《と》ったのだ。張りのある豊かな乳房が無防備に曝《さら》け出され、ローザリンデは反射的に胸を覆い隠そうとしてしまう。

だが、同時に青い炎の揺らめく視線に射《い》竦《すく》められ、そこから目が離せなくなった。欲情に駆られたヴァルターを見たのは初めてだったからだ。

婚約者になったばかりの六歳の時には、五歳、年の差があったので、当然とはいえ子ども扱いしかされなかった。

だからなんとか異性として好かれたくて、好き好き大好きとしょっちゅう会いにいき……もとい、付き纏《まと》っていたのだ。

そうするうちにヴァルターの態度も徐々に変わっていき、この二、三年は大人の女性への対応へと変わり、紳士的にエスコートしてくれるようになっていた。

とはいえ、「好きだ」と訴えると、同じだけ「私もだ」と返してくれたが、その目はいつも優しく穏やかなものだった。

それゆえ、ヴァルターは自分に恋はしていないのではないかと不安だったのだ。長年付き合いがあっただけに、妹のように思われているのではないかと。

それだけに、ああ、長年の婚約者としてではなく、女として見てくれているのだと胸が熱くなる。

――ベッドがギシリと音を立てる。

「ヴァ、ルター様……あっ……」

右の乳房をぐっと鷲掴《わしづか》みにされ、握り締められるように揉《も》み込《こ》まれる。

「ああ……ンっ……」

触れられた箇所からみるみる熱を持ち、肉のかたまりの内部が蕩けそうになる。

なのに、続いて薄紅色の頂《いただき》をきゅっと摘まれると、そこだけはピンと硬く勃ってしまった。

「やぁンっ……」

いつもよりツートーン高い、鼻に掛かった喘《あえ》ぎ声が漏れ出た。捏《こ》ね回され、乳房に押し込まれ、最後には爪を立てられ軽い痛みに背筋が引き攣《つ》る。

「……っ」

答える間もなく左側の乳房にしゃぶりつかれ、思わずヴァルターの後頭部の髪を掴む。

「あっ……あっ……そんな……あっ」

右の乳首をくりくりと嬲《なぶ》られながら、左のそれを赤子のように音を立てて吸われる間に、どちらもピンと立ってヴァルターの前戯に応えてしまう。

続いて胸の狭間に顔を埋められると、夜の闇に冷えた前髪が肌に触れ、ざわりと全身が粟立《あわだ》った。

ヴァルターが顔を上げる。その目は欲情に燃え上がりながらも、どこか楽しそうに見えた。

「君は随分と敏感な体をしている」

「……っ」

「もっと感じさせてみたい――」

柔らかな曲線を描いた腿《もも》に手を掛けられ、細い脚をぐっと割り開かれてしまう。

「ひゃ……あっ」

親どころか自分も見たことのない花園を暴かれ、身も心も羞恥心一色に染められる。

「見、ないで……。どうか、見ないでくださいませ……」

蚊の鳴くような声で訴えたが、それが更にヴァルターを煽《あお》ることになろうとは想像もできなかった。

すでにわずかに濡れた蜜口にぬるりとした熱が触れる。

「あんっっ……」

それが舌なのだと気付いた瞬間、肩がびくりとし、血液が沸騰する錯覚に陥った。

「い……けませっ……」

自分の熱で死んでしまいそうになり、涙目で首を何度も横に振る。

「何がいけない」

「だ、だって……」

汚いと訴えようとしたのだが、ひくひくと蠢《うごめ》く花弁を食《は》まれ声を失う。

「あっ……やっ……あっ……」

歯を立てられると全身がビクビクと引き攣った。

「だって……汚い」

「汚いことがあるものか」

漏れ出た蜜をチュッと吸われて身悶《みもだ》える。

「あっ……んっ……あああんっ」

「柘榴《ざくろ》のような鮮やかな赤で、ぱっくりと割れて、私を誘い込もうとしている。これほど美しい花を見たことはない」

「……っ」

淫靡《いんび》な前戯に羞恥心が快感に変換され、はあっと熱い息を吐き出してしまう。

その間にヴァルターがゆらりと身を起こし、腰に引っかかっていたガウンを脱ぎ捨てた。

「っ……」

足の狭間に立ち上がった逸物《いちもつ》に息を呑《の》む。ヴァルターの分身は覚悟していた以上に大きく赤黒く、生々しい立体感と質量に声も出なかった。

冷静かつ優秀、秀麗だと評判の王太子がこれほど禍々《まがまが》しい雄の証《あかし》を隠していたとは。こんなものが入るのだろうかと恐《おそ》れ戦《おのの》く。

「ローザリンデ……」

ヴァルターはゆっくりとローザリンデに伸し掛かり、その両脇に手をついて「入れるぞ」と告げた。

「……っ」

緊張に瞼《まぶた》を閉ざしながらも小さく頷《うなず》く。

肉の凶器の切っ先が蜜口にピタリと宛がわれる。

――熱い。

赤くなるまで熱された鉄の杭《くい》なのではないかと疑ったほどだった。

その杭がぐぐっ押し入ってきたのだからたまらない。痛みで目が大きく見開かれる。

「あっ……」

知らず目が見開かれ、隘路《あいろ》がキュッと締まって侵入を阻《はば》もうとする。

ヴァルターは途中で動きを止めると、「大丈夫か」とローザリンデを見下ろした。

「だい、じょうぶ、です……」

愛してやまないそのロイヤルブルーの瞳を見返し、途切れ途切れに答えて微笑《ほほえ》む。

「早く……来て……ください……。早く、ヴァルター様と……一つになりたい」

「ローザリンデ……そんな風に言われると……もう止められない」

ぐぐっと隘路を力尽くで押し広げられる。

「あ……あっ」

痛みと圧迫感に背が弓なりに仰《の》け反《ぞ》る。ヴァルターはローザリンデの表情を確認しつつ腰を進めていたが、やがてある箇所にまで来たところで、息を大きく吐き出した。力を込めて腰を突き入れる。

次の瞬間、ローザリンデの腹の奥にズンと鈍い衝撃が走る。

「……っ」

パクパクと口を開け、呆然《ぼうぜん》とヴァルターの美貌を見上げる。ヴァルターもローザリンデから片時も目を離さなかった。

「これで君は私のものだ」

「……あっ」

脳裏から言葉が吹っ飛んでろくに声が出ない。足の狭間の痛みを堪えるので精一杯だった。

だが、ヴァルターが両脇に手をつき直し、軽く腰を上下に揺すぶると、痛みではない別の感覚が沸き上がってきた。

「あっ……あっ……あっ……」

内部を探られる感覚に身悶える。

不意に最奥まで串刺しにされると、わずかに開いた唇から唾液が飛び散った。

ベッドが軋む音に腰と腰がぶつかり合う粘着質の響きが重なる。その震動に合わせて二つのミルク色の乳房がふるふると不規則に揺れた。

ずるりと引き抜かれたかと思うと、また根元まで深々と埋められ、肺から息が押し出される。

「あっ……はっ……あっ……」

「ローザリンデ、可愛いよ……。最高だ」

「……っ」

「君の中は熱くて、蕩けそうで、私を放すまいと締め付けてくる」

「ん……あっ」

シーツを掴んで耐えようとしたが力が入らない。何度も腰を打ち付けられ。奥を抉《えぐ》られ、全身がブルブルと小刻みに震えた。

「あぁっ……はっ……やっ……」

抗《あらが》いようのない圧倒的な力で翻弄され、黄金に近い琥珀色の瞳から涙が飛び散る。

繋《つな》がった箇所からは濡れて粘ついた音が響いてきて、今まさにヴァルターに抱かれているのだと実感してしまう。

「あっ……あっ……あっ……」

喘ぎ声とともにようやくひとつになれたのだと実感する。だが、その感動も快感の波に飲み込まれていった。

いつしか落ちていた手をヴァルターの逞しい背に回し、大きく息を吐きながら縋《すが》り付《つ》く。

「あっ……愛しています……ヴァルター様っ……」

もはや羞恥心も痛みも圧迫感も覚えない。体は快感に、心はヴァルターへの恋心に塗りつぶされていた。

「私もだよ、ローザリンデ。……君だけを愛してる」

ヴァルターが熱っぽい声でそう告げる。

「私の熱も、言葉も、何一つ忘れさせはしない。……今夜のことはすべて覚えておくんだ」

肉の楔《くさび》がぐぐっと奥の奥へと侵入してくるのを感じ、ローザリンデは目を見開いてヴァルターの青い瞳を凝視した。

体内のコリッとした感触に絶句し、反射的に口を開いたが、もう声も出ない。

「あっ……」

最奥を征服された衝撃で全身が引き攣る。同時に、中に焼けた鉄よりも熱いものが放たれた。

「ああっ……」

子宮が焦げる感覚を耐えようとして、ヴァルターの背に爪を立ててしまう。するとヴァルターも抱き締め返し、ぎゅっと逞しい胸に包み込んでくれた。脳裏が限界まで熱と多幸感に満たされ、パンと弾《はじ》ける。

「あああっ……」

視界が真っ白になり意識が弾け飛ぶ。

「ローザリンデ……リンディ？」

ローザリンデは夫となったヴァルターの声を聞きながら、極限の快感に耐えきれずに瞼を閉じた。

――夢を見た。

一人で見知らぬ街をフラフラ歩いている。

いいや、知っているとローザリンデは――彼女は息を呑んだ。

『私……この街も、ビルも、駅も、みんな知っている……』

そして、なぜこんなところにいるのかもよく知っていた。

二十六歳の会社員である彼女は、勤め先で上司の失敗を背負わされ、自主退職に追いやられた。追い打ちで可愛がっていたペットの猫に死なれ、まさに絶望のどん底にいたのだ。

茫然自失《ぼうぜんじしつ》状態だったからだろうか。ペットを荼毘《だび》に付し、自宅に帰ろうとしていたところ、通りのリサイクルショップのセール用ワゴンにぶつかってしまった。

更にそこから落ちたソフトを踏んづけてしまったのだ。パッケージが汚れたので、弁償するつもりでレジに向かったものの、そもそも手にしたものがなんなのかもわからない。

「あの……これはなんでしょう？」と聞くと、対応してくれた女性店員はレジを通しながら教えてくれた。

『確か、恋愛ものの乙女ゲームですね。少女マンガをゲームにしたようなものですよ』

『乙女ゲーム？』

それが「ワイルドローズ・バイブル」のソフトだった。

彼女の実家は厳しく、勉強の邪魔になるからとマンガやゲーム、テレビなどの娯楽は一切禁止だった。加えて塾以外の外出には門限があったため、外で遊べずろくに友人もできなかった。もちろん、恋愛もふしだらな女になるからと止められていた。

ところが、娘には厳しさ以外を教えなかった両親は、彼女が高校在学中離婚してしまった。互いに不倫をし、再婚を望んだからだ。

双方とも新たなパートナーとの暮らしの邪魔になるからと、彼女を引き取るのを嫌がって、一人暮らしをしろと金だけ渡された。

だが、彼女は両親の束縛から解放されても、とにかく真面目に謙虚にと幼い頃から擦り込まれていたため、それ以外の生き方を考えられなくなっていた。

両親にそれまで言われたとおりにひたすら真面目に、真面目に勉強し、ほとんど一人で大学を決めて入学し、卒業し、地道な就職活動を続けて就職した。働きぶりも着実に成果を上げていったが、決して驕《おご》らずに常に謙虚だった。

それだけに上司に裏切られたショックは大きく、自分の人生はなんだったのだと落ち込んでいた。一生懸命頑張ってきたのに、何も報われることはなかったと。

だから、帰宅してせっかく買ったのだからとソフトをパソコンに入れ、薔薇の花弁が舞い散るオープニングムービーが始まったのを見て息を呑んだ。

自分のつまらない人生とは真逆の世界がそこにあった。

「ワイルドローズ・バイブル」のヒロインは、ロイトリンゲン王国に暮らす身寄りのない少女ミア。

ある伯爵がミアを娘の侍女として、孤児院から引き取るところから物語が始まる。

この伯爵令嬢が外出嫌いの引き籠もりで、ミアと髪と目の色が同じ、かつ顔立ちが似ていたのをいいことに、自分の身代わりに社交界に送り出した。そこでミアは五人の攻略対象たちと出会うことになる。

まずメインヒーローにして孤高の王太子ヴァルター。次にその側近にして公爵令息のアレクシス。なお、アレクシスはローザリンデの兄である。

更に騎士団長のマティアス。同じ孤児院出身で、剣の腕を頼りに騎士に成り上がった幼馴染《おさななじみ》みのライナルト。口のうまいチャラ男の大商人エルンスト。

どのキャラも個性的であるのと同時にイケメンだった。

「ワイルドローズ・バイブル」に夢中になった彼女は、すべての攻略対象のすべてのルートを網羅した。トゥルーエンドも、バッドエンドも、ノーマルエンドもだ。

一番のお気に入りがヴァルターとのトゥルーエンドだった。

クライマックスでミアは自分が伯爵令嬢ではなく身代わりだと打ち明ける。元孤児では身分が釣り合わないからと、ヴァルターの将来を思って身を引こうとするのだが、ヴァルターは、「君がいないなら人生になんの意味もない」と言って引き止める。

ヴァルターはそれまでクールな王子様キャラだったのに、プライドをかなぐり捨ててミアを求める——登場時とのギャップにすっかりやられてしまった。

なお、のちにミアはさる貴族の忘れ形見だと判明。のちに令嬢だと認められ、ヴァルターと結婚することになる。まさに大団円のハッピーエンドだった。

なお、「ワイルドローズ・バイブル」は絵柄が古臭い、ありきたりだと、大して売れていなかったと聞いている。

だが、彼女にとっては最高のゲームだった。

彼女は無職で時間があったのをこれ幸いに、ヴァルターとのトゥルーエンドを繰り返しプレイした。

乙女ゲームの世界では恋も仕事も努力をすればするだけ報われる。それ以上に、ヴァルターに恋に落ちていたからだ。

ミアと出会ったばかりの頃の孤高のオーラも、親しくなるごとに柔らかくなるロイヤルブルーの眼差《まなざ》しも、激情のままに愛を告げて抱き締めるところも、ヴァルターのすべてに夢中になっていた。

社会での挫折とペットの死から立ち直れたのはヴァルターのおかげで、また頑張ろう、働こうと思えたのもヴァルターのおかげだった。

何せ推し活には金がかかる。投稿サイトで数少ない二次創作を発掘し、グッズをネットオークションで買《か》い漁《あさ》り、インテリアもヴァルター好みに買い換えるとなると、当然失業手当だけでは間に合わない。

ならばと転職サイトに登録し、ハローワー〇に通い、がむしゃらになるうちに再就職が決まったのだ。

初出勤の帰り道、彼女はスーツの懐からスマホを取り出し、晴れ晴れとした気持ちでスマホの壁紙を見つめた。もちろん、ヴァルターの微笑みに設定してあった。

『ヴァルター様、何もかもあなたのおかげよ。……本当にありがとう』

——あなたに会えたあの日から一人ではなくなった。

これからもヴァルターのために頑張ろうと、笑って頷いて顔を上げた次の瞬間のことだった。

目の前で大型トラックとバイクが衝突し、タイヤと道路が擦れる悲鳴にも似た音がした。

ライダーが道路上に叩《たた》き付《つ》けられ、乗り手を失い、跳ね飛ばされたバイクが歩道上の彼女の頭上に降ってくる。

『えっ』

最後まで彼女は目を見開いたままだった。


——小鳥のつがいが囀《さえず》り合うのが聞こえる。

「う……ん」

ローザリンデは瞼を開け、ゆっくりと体を起こした。

肌寒さを覚えて我が身を見下ろし、生まれたままの姿だったのでぎょっとする。

「……!?」

更に、鎖骨や胸の谷間、腿にいくつもの赤い痕があるのに気付いて絶句した。

「そう……だった……。私、昨日……」

恐る恐る隣を見て息を飲む。

彼女が焦がれた白皙《はくせき》の美貌が瞼を閉じて眠っている。一瞬、永久保存しておきたいとうっとりと見惚《みと》れ、いいや、それどころではないと我に返って頬を押さえた。

「わ、私……ローザリンデになっちゃったの⁉」

間違いない。ここは「ワイルドローズ・バイブル」の世界だ。「嘘《うそ》……」

自分は恐らくバイクに潰され、即死してしまったのだろう。そして、なんの因果か憧れて止まなかった「ワイルドローズ・バイブル」の世界に転生した。

しかも、ヴァルターの婚約者、ヴァレンシュタイン公爵家令嬢ローザリンデとしてだ。いいや、挙式と披露宴を済ませたのだから、すでに妃《きさき》である。

ヴァルターは二十三歳、ローザリンデは十八歳で、現代日本人の感覚では少々早い結婚と感じたが、この世界の適齢期は男女ともに二十歳前後だったと思い出す。

だが、ローザリンデは新たな生を得て、最愛の人と結婚できたと泣いて喜ぶことなどできなかった。

なぜなら――。

「わ……私、悪役だったはずなのに⁉」

そう、ローザリンデはトゥルーエンドでミアの前に立ちはだかり、二人の仲をありとあらゆる手段で邪魔する悪役令嬢だった。

筆頭公爵家出身ゆえにヴァルターの婚約者になったものの、彼に愛されるミアへの嫉妬から彼女を殺そうとして投獄され、最後には孤独の果てに発狂死するはずだったのに。

ローザリンデが騒いだのでうるさかったのだろうか。ヴァルターが瞼を開けローザリンデを見上げる。

「リンディ、どうしたんだ」

「……」

どうしたもこうしたもない。なぜ結婚してしまったのだと口を押さえる。

「私と結婚したらヴァルター様は死んでしまうのに！」

「リンディ、どうした。落ち着くんだ」

ヴァルターに宥《なだ》められても冷静になどなれなかった。

なぜならヴァルターを攻略対象とした場合、トゥルーエンドの場合はミアと結婚し、ローザリンデは獄中死。

ノーマルエンドではミアと友人止まりになるが、今度恋に発展する可能性を示唆して終わる。この場合ローザリンデは死なず、変わらずヴァルターの婚約者でい続けることになる。現状維持ということなのだろう。

肝心な恋が実らなかったバッドエンドでは、ヴァルターはミアを思い続けながら、有力貴族たちの圧力を受けてローザリンデと結婚する。

のちに二人の間には王子が産まれるのだが、そこから先が大問題だった。

ローザリンデの父、ヴァレンシュタイン公爵オットーは一際野心的な貴族だった。国王の宰相だったこともあって、みずからの手腕に自信もあった。貴族のままで終わるつもりはなかった。

そこでヴァルターが即位し、更にローザリンデが王位継承権を持つ王子を産んだ暁《あかつき》には、ヴァルターを暗殺し、自分が政治の実権を握ろうとしたのだ。

その企《たくら》みが成功してしまった。

——ヴァルターが「何を言っている」と眉を顰《ひそ》める。

「私が死ぬだと？」

「そ、そうです。だから」

ヴァルターはローザリンデの肩を抱き寄せ、真紅の巻き毛にそっと口付けた。

「気をやっておかしな夢でも見たようだな」

「ち、ちがっ……」

夢ならどれほどよかっただろうか。前世でプレイした乙女ゲームの悪役令嬢——もはや悪役王太子妃だが——に転生したなど、自分ですら信じられない事態なのだ。

「それほど乱れてくれたということかな。嬉《うれ》しいよ、ローザリンデ」

ヴァルターの低く掠《かす》れた声に耳がゾクリとする。

そう、ゲームでもこの声が好きだったのだとうっとりするうちに、優しくベッドに横たえられ手首をシーツに縫い留《と》められた。

「ヴァルター様……?」

「日の光のもとで見る君も可愛い」

首筋に口付けられちゅっと音を立てて吸われる。

「ひゃんっ」

その甘い喘ぎ声を合図に、ヴァルターの手が足の狭間に滑り込んだ。

「ああ……ン」

指先が花弁を掻き分け、蜜口を探り当て、昨夜の情交の残滓《ざんし》を掻《か》き出す。

「あっ……あぁンっ……」

時折内部の弱い箇所を掻《か》かれて身悶える。体が期待に再び熱を持ち、甘い蜜をとろりと分泌した。

「リンディ」

指がずるりと引き抜かれたかと思うと、代わって肉の楔の切っ先がゆっくりとあてがわれる。

「あ……ふっ」

次の瞬間、深々と貫《つらぬ》かれて声を失う。

「……あっ」

呆然とする間に足を肩に担ぎ上げられ、思わずくっと背を仰け反らせる。先ほどとは違う角度からの挿入で、新たに発見された弱い箇所を突かれたからだ。

「ん……あっ」

「そうか、ここか」

ぐぐっと力強く抉られ、脳裏に火花が散る。開いた唇から舌がだらんと落ち、唾液がだらしなく滴り落ちた。

「あ……あっ」

「気持ちいいか」

「……っ」

ヴァルターにそう問われ、やっとの思いで小さく頷く。

「死んじゃい、そうな、くらい……ああっ」

ずんと最奥を抉られ脚が小刻みに震える。

「……ローザリンデ、君は最高だ」

「……っ」

腰と腰がぶつかり合う音に思考が散らされ、何も考えられなくなっていく。

「あ……あっ……。そこは、だめ、です……んあああっ」

抽挿のリズムに合わせて垂れ下がった乳房がふるふると揺れる。

「あっ……はっ……はっ……はぁんっ」

高らかな嬌声《きょうせい》を上げてまた達してしまう。同時に、ヴァルターがとどめの一撃とばかりに、ローザリンデの体内を深々と貫いた。

「ひ……あっ……」

体内に熱い飛沫《しぶき》が放たれるのを感じて思わずシーツを掴む。

ローザリンデは快感で曇った意識の中で、このままでは孕《はら》んでしまうと危機感を抱いた。子ができればヴァルターの命が危ないのに。

ヴァルターを失うなど耐えられそうになかった。

「リンディ」

額の汗を拭われ口付けられる。

「覚えておくんだ」

ヴァルターが琥珀色の目から流れ落ちた涙を啜《すす》る。

「君のすべては私のものだ。私の愛《いと》しい薔薇」

──早いもので、ヴァルターと結婚して一週間が経《た》った。

「……リンディ」

「う、ううん……」

「そろそろ起きなければ」

額にふわりと柔らかく温かい何かが触れた。

ローザリンデはまだ意識も曖昧なまま瞼を開けた。

ビロード地のカーテンの狭間から朝の光が差し込んでいる。小鳥のつがいの可愛らしい囀りも聞こえた。

「……もう朝？」

それにしても、初夏だというのに随分と肌寒い。なぜだと体を起こそうとしてぎょっとした。

生まれたままの姿だったからだ。しかも、乳房を中心に赤い所有の証がいくつもつけられている。

「えっ……どっ……どうして……」

記憶を手繰り寄せて思い出す。

そうだった。昨夜もヴァルターに甘く激しく抱かれたのだ。

ということは。

恐る恐る顔を上げると、穏やかなロイヤルブルーの眼差しがすぐそばにあった。ローザリンデが目覚めるのを待っていたのか、シーツの上に肘を突いて見下ろしている。

ヴァルターもまだ裸身のままで、朝日に照らし出されたその上半身は彫刻のように見事だった。

「うぁっ……ヴァルター様っ」

慌てて起き上がろうとした途端、不意に腕を引かれまたベッドに倒れ込んでしまった。

「きゃっ」

素早く厚い胸に抱き締められ、「いい抱き枕だ」と耳元で囁《ささや》かれる。

「いいや、抱き枕はこれほど温かくはないか」

「〜〜っ……」

初夜以来ヴァルターとは毎夜二人で床をともにしており、毎夜こうして耳が焼け焦げそうなセリフを聞いている。

正直正気でいるのが難しい。まだ体の奥に残る火照りが生々しいからだけではない。前世であれほど憧れた推しの美貌が目の前にあるのだ。

ヴァルターがクスリと笑って額に口付ける。

「照れ屋の君を知るのは私だけなのだと思うと嬉しいよ。……これから先も永遠にね」

ローザリンデは再び広く厚い胸に包み込まれながら、おかしい、こんなはずではなかったと呟いた。

ゲームではヴァルターはどのルートでも悪役令嬢ローザリンデを疎ましく思っていたはずだ。バッドエンドでもミアを忘れられず、ローザリンデとは仮面夫婦だったはずなのに、現実では脇目も振らずに溺愛されている。

毎日が夢のように幸福で、醒《さ》めてほしくないと望んでしまいそうだ。自分が悪役である以上、決して許されてはいけない行いなのに。

胸が痛くなりヴァルターの胸に顔を埋める。

「リンディ？」

「……」

ヴァルターは「甘える君も可愛いな」と、どこか嬉しそうにローザリンデの髪に唇を寄せた。

ローザリンデはヴァルターの体温を感じながら、しまったと過去の行いを痛切に後悔する。

ヴァルターがミアと結ばれなかったのは、恐らくあの日の自分の一目惚《ひとめぼ》れがきっかけだった。

——ヴァルターと出会ったのはローザリンデが六歳の頃。王妃にお茶をしないかと乳母ともども招待された。一人息子であり王太子のヴァルターと一緒にもてなすからと。

ローザリンデも気合いの入ったよそ行きのドレスを着せられ、真紅の巻き毛を髪飾りで可愛らしく結われた。

生まれて初めて王宮に足を踏み入れた時には度肝を抜かれた。裕福な家庭で生まれ育ったので、実家が世界一だと信じていたが、その価値観を覆《くつがえ》され愕然《がくぜん》とした。

一流の職人の手によるもはや芸術品のシャンデリアと、天井を隙間なく埋める神話の神々の絵画。

アーチ型の窓は黄金で縁取られ、ふんだんに取り入れられる光がその輝きを増している。

足下は複雑に組み合わせられた大理石のモザイクで、歩くたびにコツンコツンと澄んだ音がした。

『わああ……すごい』

こんな豪華なお城に住むのはどんな人だろう——胸を弾ませながら、乳母に続いて応接間に足を踏み入れた。

応接間も煌《きら》びやかなのには変わりなかった。壁紙は濃緑に金糸が織り込まれた布地で、調度品は赤紫のビロードで統一されている。

中央にはいくつかの丸テーブルと椅子が置かれ、その中の一つに王妃ゾフィーが腰掛けていた。

『あら、いらっしゃいコンスタンツェ』

乳母と王妃は独身時代の知人なのだとか。

ゾフィーは亜麻色の巻き毛に水色の瞳の、貴族らしい優雅な女だった。

『お久しぶりです、王妃様。あら、王太子殿下は……』

『ふらりとどこかに行ってしまったのよね』

『珍しいですね。いつもお時間をきっちり守られる方なのに』

ゾフィーは大げさに溜め息《たいき》を吐いた。

「あの子、昔は聞き分けがすごくよかったの。でも最近は何を考えているのかまったくわからなくて……」

時折子どもとは思えぬ、冷めた目をするので恐ろしいと呟く。

「気のせいだと思うんだけど……だって、子どもは母親を慕うものでしょう?」

今思えばヴァルターとの非公式での見合い、かつ顔合わせの場だったのだろう。

そうとは知らないローザリンデは、勧められるまま茶を飲み、クッキーやケーキに舌鼓を打った。

その間ゾフィーと乳母はお喋《しゃべ》りに興じており、ローザリンデが退屈になってきても途切れることはなかった。

『最近、あの俳優にも飽きてきたのよ。やっぱり男は三十を越すとだめね。若い方が体力があっていいわ』

『王妃様、その、男遊びはそろそろお止めになっては……』

『陛下も遊んでいるからいいのよ。お互い私生活には干渉しないと約束しているから』

『ねえねえ、乳母や』

『リンディ様、いい子ですから、少々大人しくしていただけますか』

『……』

袖を引っ張っても乳母はちっとも構ってくれない。また、会話の内容がまったくわからないので、なおさら退屈になってしまい、ついにこっそり席を立った。

二人に気付かれないよう音を立てずに扉を開け、廊下をきょろきょろと見回す。他に何か面白いものはないかと歩くうちに、庭園に抜けるアーチ型の出入り口があったので何気なく外に出た。

『わあ、広い』

ヴァレンシュタイン家の王都の屋敷もすっぽり入ってしまいそうな広さだった。

丁寧に剪定《せんてい》され、緑の壁となった生け垣を感心しながら見上げ、散策を楽しむうちに大分遠くまで来てしまったのだろう。

そろそろ疲れたなと思い引き返そうとしたのだが、足下に薔薇の花弁が落ちていたので立ち止まった。

『あっ、薔薇？』

ローザリンデは薔薇が大好きだった。

赤い薔薇なら自分の髪と同じ色で、ローザリンデという名にも「愛らしい薔薇」という意味がある。生まれながらに縁の深い花なのだ。

どこで咲いているのかと辺りを見回し、どうやら生け垣の向こうに花園があるのではと見当を付ける。落ちた花弁が風に吹かれて乗り越えたのだろう。

きっとどこかに出入り口があるに違いないと確信し、緑の壁を掻き分けること十五分、ようやく古びた隠し扉を発見した。

周囲の鉄の枠はすっかり錆《さ》び付いている。子どもの力で開けるのには苦労したが、うんうんと唸《うな》っていると、不意に内側に開いたので、勢いのままに中に転がり込んでしまった。

『あ、あいたたた……』

地面に手をついて立ち上がる。膝がズキズキと痛み、涙が出そうになったが、すぐに引っ込んだ。

四方に一面の薔薇が咲き誇っていたからだ。

鳥籠型のガゼボは純白色のつる薔薇で覆われている。小道の両脇にはピンク色の薔薇の茂みが、徐々に色が濃くなっていくよう配置されていた。

小さな噴水の周辺は東側にはカナリア色、西側にはオレンジ色、南側には真紅、北側には紫の薔薇で取り囲まれている。

この世のありとあらゆる色が薔薇となって咲き誇っているように見えた。

『わあ……綺麗《きれい》』

ローザリンデは薔薇に目を奪われながら歩を進め、ガゼボまで来たところではっと息を呑んで足を止めた。ガゼボ近くに何者かが佇《たたず》んでいたからだ。

すらりと背の高い少年だった。一際目立つ真紅の薔薇の花木に手を伸ばし、花の一輪にそっと触れている。五、六歳は年上に見えた。

薔薇にはない銀色の髪とロイヤルブルーの瞳、繊細な横顔に目を奪われる。銀糸の織り込まれたグレーの上着と青いズボンがよく似合っていた。

ローザリンデの気配に気付いたのか、はっとして振り返る。

『何者だ⁉』

ローザリンデはビクリとしてその場に立《た》ち竦《すく》んだ。

『ここは僕以外に知らない花園のはず。どうやって中に入った』

厳しく問い詰められたからではない。一目でそのロイヤルブルーの眼差しに魅せられたからだ。

やっと会えた――そんな思いで胸が満たされ、感動のあまり目に涙が滲《にじ》んだ。

「あ、あれ？」

自分でもなぜ泣いたのかがわからず、頬を拭う。

その涙を叱られて怯えたと勘違いしたのか、少年ははっとして「ああ、悪い」とローザリンデの前に立った。

『誰にも知られたくないなら、完全に隠しておかなかった僕も悪い』

そっと涙を拭ってくれる。

『あ、あの、あなたは誰？　どうしてこんなところにいるの？』

『……』

少年は少々気まずそうに溜め息を吐いた。

『僕たちだけの秘密にしてくれると約束してくれるかい？』

『ええ、もちろんよ！』

二人だけの秘密という響きに幼い胸がときめく。口止めされなくても誰にも言うつもりはなかった。

『おいで』

少年はローザリンデをガゼボに案内し、中の長椅子に座らせてくれた。ローザリンデは数センチだけ離れた距離にまたドキドキする。

少年はローザリンデを侮《あなど》ることなく、きちんと家名まで名乗ってくれた。

『僕はヴァルター。ヴァルター・ヴィルヘルム・ルイトポルト・アーダルベルト・ヴァルデマール・フォン・バーベンベルクだ』

『えっ』

まだ六歳のローザリンデでもその名は知っていた。

『じゃあ、あなたは王太子デンカなの？』

国王と王妃の一粒種の王太子で、今日お茶会で会うはずだった人物だ。

ヴァルターが小さく頷きローザリンデに話を振る。

『君は？』

『あっ、私はローザリンデ。ローザリンデ・フリーデリケ・ドロテア・ヴィルヘルミーネ・フォン・ヴァレンシュタイン』

今度はヴァルターのロイヤルブルーの目が見開かれる。

『君が……』

『乳母たち、お喋りばっかりで遊んでくれないもの。退屈で抜け出してきちゃった』

頬を膨らませて不満を訴えると、ヴァルターは苦笑して頭を撫でてくれた。

『それは僕のせいだな』

『えっ、どうして？　そんなことはないわ』

『王太子としての義務を怠ってしまったからね。君に押し付ける形になってしまった』

ローザリンデにはまだ義務という言葉が理解できなかった。

『ギムって何？』

『そうだね。ここでは結婚することか。婚約者のいない王太子など有り得ないから。そうか、君がローザリンデだったのか』

『ケッコン？　ケッコンって……』

ずっと一緒にいることではなかったかと聞こうとして、不意に襲ってきた痛みに思わず膝を押さえた。

『あいたたた……』

『どうしたんだ。怪我《けが》をしたのかい？』

『さっき中に入る時に転んで……』

恐る恐るドレスの裾を捲《めく》ると、膝を軽く擦り剥《む》いていた。血が滲んでいるのを見てまた泣きそうになる。

筆頭公爵家の令嬢として、また恐らく将来の王太子妃として、厳しく、同時に大切に育てられたローザリンデは、それまでほとんど怪我をしたことがなかった。

それだけに血を見ただけでショックを受け、また泣き出しそうになってしまう。

『えっ……』

『ああ、泣かないで』

ヴァルターはすっと立ち上がると、ローザリンデの前に片膝をついた。

『膝を見せてくれる?』

『う、うん……』

足を取られると心臓が高鳴る。整えられた指先が傷口近くに触れられると、なぜかそこが熱を持った。

『血はそんなに出ていないからすぐに治るよ。痕も残らない』

ヴァルターは懐からハンカチを取り出し、膝をそっと拭って巻き付けてくれた。手当を終えて腰を上げる。

『これでもう大丈夫。念のために宮廷医に見てもらおうか』

ローザリンデはその間ヴァルターの、大人びた表情から目が離せなかった。どうしてもこの人のそばにいたいと思った。

子どもらしい素直さでその気持ちを口にする。

『ねえ、さっきヴァルター様はケッコンするって言っていたでしょう。誰とするの？』

『父上や、ヴァレンシュタイン公、臣下たちは君との婚約を望んでいるようだね』

『……！』

ローザリンデは嬉々《きき》として立ち上がり、ヴァルターの顔を覗き込んだ。

『王様や王妃様だけじゃないわ。私もヴァルター様とケッコンしたい！』

無表情だったロイヤルブルーの目がわずかに見開かれる。

『僕とは今日会ったばかりだろう』

『うん。だけど、もう大好きになっちゃったの』

だから、これからもずっと一緒にいるために結婚したいのだと訴える。

『ヴァルター様はダメ？　私のことは嫌い？』

『……』

ヴァルターは驚いたようにローザリンデを見つめていたが、やがて薄い唇の端をわずかに上げて微笑んだ。

『嫌いなはずがないよ』

『じゃあ、決まりね！』

嬉しさで胸を一杯にしながら、痛みも忘れてヴァルターに抱き付く。

『ねえ、約束よ。絶対にケッコンしてね？』

ヴァルターはローザリンデのふわふわの真紅の髪に手を埋めた。

『ああ、わかった。約束する』

『それから、私のことはリンディって呼んで？　死んじゃったお母様も私をそう呼んでいたそうなの。お兄様や乳母もよ』

それからローザリンデは社交で王宮に出向くたび、二人だけの秘密の花園でヴァルターと遊ぶようになった。

初めての恋はそこで花開いて、実に十二年もの間、胸に色鮮やかに咲き続けていたのだ。


——十八歳のローザリンデはそこまで思い出しまた真っ青になった。

「待って……」

この秘密の花園での出会いはヴァルターを攻略対象とする場合、ヒロインが避けて通れないプロローグにあたるイベントだったはずだ。

秘密の花園の扉を見つけるシーンも、ヴァルターの「ここは僕以外に知らない花園のはず。どうやって中に入った」というセリフも、中で転んで手当てをしてもらうシーンもミアがこなしていた。その後、ヴァルターとたびたび花園で無邪気な逢瀬《おうせ》を重ねることになる。

なのに、よりによって悪役令嬢の自分がイベントを横取りしていた。しかも、年齢を計算するとバッドエンドの設定より二年も早く結婚している。

ストーリーの何もかもがズレて進行してしまっている。

「ど、どうしよう……」

よりによってヴァルタールートを邪魔をしていたのが自分だったとは。

あの時ヴァルターに恋に落ちたのは当然だと思う。何せ前世から魂がヴァルターへの萌《も》え一色に染まっていたのだから。

しかも、その後父に是が非でもヴァルターと結婚したいと訴え、婚約が決まると暇さえあれば会いに行きアイラブユーと恥ずかしげもなく告げた。

「リンディ」

髪にキスしていたヴァルターに愛称を呼ばれてヴァルターを見る。

「どうした、気分が悪いのか」

「……」

ヴァルターの優しさに涙が出そうになった。

だが、ここは「ワイルドローズ・バイブル」という乙女ゲームの世界で、ヴァルターは悪役令嬢の自分と結婚すると命を落としてしまう――などと打ち明けられるはずもなかった。頭が可哀想な子認定されるだけだ。

一体どうすればいいのかと悩む間に、頭をよしよしと撫でられる。

「ヴァルター様……」

「君はこうされるのが好きだっただろう」

「……」

まだ婚約したばかりだった頃、ヴァルターにとっては子どもでしかなかったからだろう。ローザリンデが泣きそうになると、いつもこうして優しくしてくれた。

そんな資格はないのにと思うのに、ヴァルターの手に心を委《ゆだ》ねてしまう。

今だけはと瞼を閉じる。

この状況を打破せねばならないとはわかっているが、今はこの温《ぬく》もりに身も心も浸っていたかった。

＊＊＊

その日ローザリンデは私室で一人招待状を書きながら悶々《もんもん》としていた。

国王や王太子に政務があるように、王太子妃にも任された仕事がある。

その一つが王宮の女主人となり、社交界を取り仕切ることだ。舞踏会や晩餐会《ばんさんかい》、園遊会を主催し、臣下や有力貴族たちとの関係を強化する。

来月は早速王太子妃となって最初の園遊会がある。王太子妃としてデビュー戦というところなのだろう。

伝統的に招待状の最後のサインだけは主催者の手書きと決まっているので、ローザリンデは約三百通の招待状にひたすら署名をしているところだった。この後には侍女頭や料理長との打ち合わせもある。

——昨夜はヴァルターが遠方の直轄領の視察に出て、一週間ほど戻らないので二週間ぶりの一人寝だった。

隣に誰もいないのが寂しいと感じてしまう。

前世では独りぼっちの寂しさを堪えて生きていたのに、ローザリンデとしての自分はヴァルターに身も心も愛されたことで、すっかり孤独が苦手になってしまっていた。

だが、ヴァルターが帰ってきてまたあの溺愛の日々が始まるのもまずい。数年後どころか舞踏会までに孕んでしまうのではないか。

更に王子が生まれれば、父のオットーに暗躍を許すことになる——そう思うと気が気ではなかった。

ようやく招待状のサインを終え、溜め息を吐いて「どうしよう……」と唸る。

ヴァルターには死んでほしくない。それも、自分のせいで。前世で絶望のどん底にいた自分を救い出し、生き甲斐《いがい》となってくれた人なのに。

愛する人というだけではなく、為政者としても素晴らしい逸材だ。人を見る目が厳しい兄アレクシスが心酔するほどなのだから。

なのに、そんな最期で終わっていいはずがなかった。隣に自分がいなくてもいい。幸せになってほしかった。

なんとかして今のうちに別居できないか、そのまま離婚できないかと頭を捻《ひね》る。

実家に帰ろうかとも思ったが、父のオットーがいると思うと躊躇《ためら》われた。

ローザリンデはヴァルターの件がなくともオットーが苦手だった。

ヴァレンシュタイン公爵であり、国王の宰相でもあるオットーは、元々権力欲の強いタイプである。

二人いる我が子すら出世のための道具でしかなく、笑いかけられたことや優しくされた覚えは一度もない。代わって「私に恥を掻かすなよ」と言われたことはよくあった。そのたびに冷たく厳しい視線に身が竦《すく》んだものだ。

ローザリンデが王太子妃となったのもオットーの力と意思が大きい。そんな父が別居や離婚を許してくれるはずなどなかった。

誰か別居のための滞在先を提供してくれないかと悩んだが、ほとんどの知人、友人の両親はオットーとの繋がりがある。すぐに計画が明るみに出て、連れ戻されるに違いない。

「もう、本当に失敗した……。私って本当に馬鹿……」

がっくりと目を落とす。

しかし、めげてはいられない。愛するヴァルターを救うため、身籠もる前に絶対に別れなければならないのだから。

「う〜ん、どうすれば……」

必死になって考える。

「そう。ミアを見つければいいんだわ」

ヴァルターがこの世界に存在しているのだからミアがいないはずがない。どういうわけかまだストーリーに登場してもいないが。

今からでもミアを見つけ、ヴァルタールートに導けないか。

ヴァルターもミアに出会えば恋に落ちるはずだ。何せ彼女がこの物語の主役なのだから。

願わくは他の攻略対象との恋愛が始まってなければいいのだが。

それにしても、ミアは今どこで何をしているのだろう。

ストーリー通りなら奉公先の伯爵令嬢の身代わりとなり、すでに王宮に出入りしているはずなのだが――。

「そう言えば……」

サインを終えた招待状の束を手に取りパラパラと捲る。

「あっ、あったわ」

マルガレーテ・フォン・ニュルンベルク――ゲームでミアが身代わりを務めた令嬢だ。

ミアがストーリーに沿って行動しようとしているのなら、舞踏会ではマルガレーテ本人ではなくミアが訪れるはず。そこでヴァルターと会わせることはできないか。

「よし……」

ローザリンデは小さく頷いた。

二人が愛し合うようお膳立てをし、後はなんとか離婚に持ち込もう。

いや、意志の強いヴァルターのことだから、ミアを愛するようになればありとあらゆる手段を取り、自分を追い出そうとするはずだ。婚姻関係にあることもたいした理由にはならないだろう。

想像すると胸がズキリとした。

「……っ」

鋭い痛みをぐっと唇を噛《か》み締《し》めて堪える。

「私が出しゃばったのが悪かったのよ……」

ヴァルターの人生を歪《ゆが》めた罪を償うためにも、どれだけ傷付こうと別れなければならなかった。

王宮敷地内の庭園は国内最大面積を誇る。

薔薇《ばら》園《えん》を初めとする花園だけではなく、人造湖や生け垣で形作った迷路に古代の女神を称えるる噴水に全国の木々を植林したボスケ、見物が楽しい古城の廃墟《はいきょ》を模した公園、建国記念日に増設された壮麗な回廊建築もあった。

王宮とともにロイトリンゲン王国の栄華を反映しており、贅沢《ぜいたく》に慣れ切った貴族もこの庭園を散策すると溜め息を吐くしかない。

今日園遊会が開催されるのは迷宮近くにある芝生に覆われた広場だ。招待客らは初夏の陽気のもと、爽やかなそよ風に吹かれながら、皆ワインや山海の珍味の料理の立食を楽しんでいた。歓談にも花が咲いているようだ。

「――それでは王太子妃殿下、またのちほどお話しましょう」

「ええ、散策を楽しんでくださいね」

ローザリンデは有力貴族の夫人との社交を終えると、招待客らを見回し、ほっと安堵《あんど》の息を吐いた。皆楽しんでいる様子が伝わってきて、ひとまず王太子妃としての義務は果たせたと思えたからだ。もっとも最後まで気は抜けないのだが。

「王太子妃殿下、お代わりをどうぞ」

「ああ、ありがとう」

給仕のメイドからワインを受け取り一口飲む。

ヴァルターは迷宮近くで数人の臣下と話し合っている。恐らく政務についてなのだろう。クールな表情がいっそうクールになっている。

だが、ローザリンデはそれがヴァルターの外面なのだともう知っていた。ベッドの中では体の隅々まで愛し、惜しみなく耳が蕩けそうな言葉を囁くのだから。

ゲームではミアに対してもこれほど甘く、熱く、強引なタイプではなかったのに。一度その愛と熱に酔ってしまうと、わずかに離れることすらこんなにも寒く、寂しくなる。どれだけ見つめても足りない。

「──妃殿下」

お付きの侍女に呼ばれ我に返る。

「ごめんなさい。なぁに？」

「ヴァレンシュタイン公、オットー様がおいでです」

その名を耳にした途端、全身が緊張で強張《こわば》った。恐る恐る振り返ると父がグラスを手に近付いてくる。

「少しは王太子妃らしくなったようだな」

オットーはローザリンデと似たところが瞳の色しかなかった。

白髪の交じり始めた髪と口元の鬚《ひげ》、太い眉はダークブラウンで、恰幅《かっぷく》のいい肉体をダークグレーの略礼装に包んでいる。全身から尊大なオーラを放っており、筆頭公爵としてのプライドの高さが感じ取れた。

ローザリンデはそんなオットーを前にすると、いつも自信をなくして縮こまってしまう。

「……ありがとう、ございます。お父様に褒められるとは思いませんでした」

「だが、お前にはより重要な役目がある」

オットーはローザリンデを見下ろした。

「……っ」

　威圧するかのような視線に息苦しさを覚える。

「ヴァルター様……王太子殿下をお助けすることでしょうか」

「ヴァレンシュタイン家の血を引く王子を産むことだ。そのためにお前をこれほどの美女に仕立て上げたのだからな」

　そして、自分を外戚として迎え入れろと言いたいのだろう。

　前世の記憶を思い出す前のローザリンデなら、オットーに命じられなくとも喜んで子作りに励んでいたに違いない。ただし、実家やオットーを盛り立てるためではなく、ヴァルターとの愛の結晶がほしかったからだ。

　だが、今は違う。ヴァルターを生かすため、ミアと幸せになってもらうためには、それだけは許されない行いだった。

　ローザリンデはゆっくりと顔を上げ、生まれて初めて自分と同じ、父の琥珀色の目を真っ直《ます》ぐに見返した。

「心に留めておきますわ」

　かしこまりましたとは答えなかった。

　オットーの威圧感が少々揺らぐ。何事も黙って従っていたローザリンデが無言の抵抗をしたからだろう。

だが、所詮女の身で何ができるとでも思ったのか、再びギロリとローザリンデを睨《にら》み付けた。

「忘れるなよ」

挨拶すらせずに身を翻して立ち去る。

「……」

ローザリンデはぐっと拳を握り締めた。

オットーは筆頭公爵家当主の地位と身分を存分に利用し、貴族会議、裁判所、官僚、騎士団、宮廷のありとあらゆる組織に影響力とコネがある。そんなオットーに対抗できるのだろうか。

「ううん、できるかどうかじゃなくて。やるのよ」

強くならなければならない。オットーよりも誰よりも。そして、決してヴァルターを殺させはしないと誓う。

そのためにも早くヒロインのミアを見つけ、ヴァルタールートに誘導しなければならなかった。

控えていた侍女に声を掛ける。

「ねえ、ニュルンベルク伯爵令嬢のマルガレーテ様は呼んでくれた？」

この園遊会で彼女の身代わりをしているはずのミアをヴァルターに引き合わせたかった。

「はい。もうじきいらっしゃるはずです」

ドキドキしながら待つ。心臓の鼓動を落ち着けようと、ワインを数杯飲み干した。

「ああ、いらっしゃいました」

「……！」

背後から芝生を踏み締める靴音が聞こえる。

「王太子妃殿下でしょうか？　本日はお招きいただきありがとうございます。ニュルンベルク伯長女、マルガレーテでございます」

思わず目を見開く。

鈴の音色のように澄んだ声だったが、ゲームで聞き慣れたミアの声ではない。

息を呑んで振り返る。そこに居たのはストロベリーブロンドにエメラルドグリーンの瞳、薄ピンクのドレスがよく似合う少女だった。しかし、やはりミア本人ではない。

一体どういうことなのかと呆然とする。

動揺を押し殺して一通りの挨拶と雑談を交わしたのち、恐る恐るミアについて切り出した。

「マルガレーテ様、本日は侍女は……」

「ああ、はい。後ろに控えさせております」

顔を確認してみたのだが、この侍女もミアではなかった。

つまり、ミアはまだ登場してすらいないことになる。この王宮から始まるはずの彼女の物語は、一体どこに流れてしまっているのか――。

「どうして……？　どうしてミアが出てこないの……？」

招待客たちが皆ほろ酔い状態になり、今更王太子妃など気にしていないのを幸いに、ローザリンデは一人あの秘密の花園にやってきた。

この花園には数え切れないほどの品種の薔薇があり、開花時期がそれぞれ違うので、四季を通じてそれらの美しさを愛《め》でることができる。

初夏の現在はオレンジ色とカナリア色、二色が混じった薔薇が咲き誇っていたが、ローザリンデの心の慰めにはならなかった。

呆然として円周に象《かたど》られた薔薇の生け垣の中央に座り込む。

「やっぱり私がここで二人のプロローグを歪めてしまったから……？」

おのれの罪深さに身を震わせる。

ヒロインのミアが唯一の希望だったのに、これからどうすればいいのかがわからなかった。

「嫌よ……絶対に嫌。ヴァルター様が死んでしまうなんて」

ローザリンデにとってヴァルターのいない世界などずっと晴れない空、一輪も花の咲かない大地、凪《なぎ》の日のない海も同然だった。

すべては自分の妄想でしかないと思えればどれほどよかっただろう。

だが、ゲームと同じオットーの冷酷な眼差しを見て、背筋がゾクリとするのと同時に、やはり父がいずれヴァルターを消すつもりなのだとわかってしまった。

――バッドエンドで目にしたヴァルターの最期は悲劇的だった。

オットーの仕込んだ毒を飲んで倒れ伏し、その銀髪に薔薇の花弁が重なる。

事切れる前に「ミア……」とたった一人愛したヒロインの名を呟き、誰に看取《みと》られることもなく絶命するのだ。

「……っ」

ドレスの上の拳を握り締める。

冗談ではなかった。他に何かヴァルターを救い出す手段はないか。

必死になって考え、すぐにはっとする。

「……そうよ。私が子どもを産めないことにすれば……」

不妊の王太子妃など許されない。まして、ヴァルターは国王夫妻の一粒種であり唯一の王家の直系だ。その尊い血を次世代に繋げる義務がある。

いくらローザリンデが筆頭公爵家の令嬢であっても、オットーも諦めざるを得ないし、ヴァルターも離婚しか道はなくなるはずだった。

その手を使ってヴァルターのもとから離れようと決め、目から溢《あふ》れ出《で》そうになっていた涙を拭う。

泣いている場合ではない。どう不妊を装うのか、計画を立てなければならなかった。

のろのろと立ち上がろうとしたところで、「リンディ」と愛称を呼ばれてぎょっとして振り返る。

聞き間違えるはずもない、低く、心地よく、少し掠れた声だった。

「ヴァルター様……」

「探したぞ。こんなところにいたのか」

近いうちに別れると決めたからだろうか。ヴァルターの姿がいつもにも増して輝いて見えた。

丁寧に整えられた厳冬の月光を紡いだような髪も、自分を見つめる森の奥の凍った湖を思わせる瞳も、寸分の狂いもない秀麗な美貌も何もかもが眩《まぶ》しい。

なお、王家の慣習として王太子は近衛騎士団の団長に就任し、軍人であると見なされているので、礼装や略礼装はすべて軍服となっている。黄金の飾緒が付いた詰め襟の濃紺の軍服がよく似合っていて、古代の神話に登場する若き軍神のように見えた。

ヴァルターはローザリンデの前に立った。

「ヴァルター様……」

「気分が悪いのか。なら、宮廷医を呼ぶが」

幼い頃から王太子妃になるため、内心はどうあれすぐ笑える訓練をしていてよかったと思う。

「……いいえ、違うんです。お酒を飲み過ぎて気分が悪くなっただけで」

「酒を飲んだのか？　君は弱かっただろう」

「で、でも、もう大丈夫ですから」

「だが……」

ヴァルターがふと目を落とし、眉を顰めてローザリンデの白い手を取る。

「どこが大丈夫だ」

いつの間にか指先に血がぽつりと滲んでいた。

「えっ、怪我をしていたなんて」

「薔薇の棘《とげ》は鋭いからな。軽く触れただけでもこうだ」

ヴァルターはなんの躊躇《ためら》いもなく指先を口に含んだ。

「ヴァっ……ヴァルター様っ……」

熱い舌が傷口をそっと撫ぜる。

触れられた箇所が熱を持ち、痛みよりもゾクリと、快感に似た感覚が走った。

「君はこの花園に来るといつも怪我をするな」

「そっ、そうでしょうか？」

「ああ、初めて出会った時も膝を擦り剥いただろう」

「覚えてくれて、いたんですか……」

思い出を大切にしているのは自分だけだと思い込んでいたのに。

胸が歓喜で満たされる。

ローザリンデの喜びを見て取ったのか、いつもは引き締められている薄い唇の端がわずかに上がった。

「もちろんだ。あの日の君は忘れられない」

薔薇が人の姿を取って現れたのかと驚いたのだという。

「……私が薔薇？」

「ああ、そうだ。私にとって君はこの世でもっとも美しい薔薇だ。私だけの……」

真紅の薔薇にも血の色にも似た巻き毛も、太陽の光を結晶化させたような黄金に近い琥珀色の瞳も、ローザリンデのすべてが欲しいとヴァルターは呟いた。

「この血の一滴すら誰にも渡したくはない」

「……っ」

愛の言葉を囁かれ、身も心も求められると、決意が揺らいでしまう。

ローザリンデは心の中で泣きながら訴えた。

――お願い、これ以上優しくしないで。私を愛さないで。

＊＊＊

――それなりの信用と実績があり、買収できる医師を探すのに二ヶ月かかった。

日差しがすっかり夏のそれになったある日の午後、ローザリンデは侍女に、ヴォルターの居る執務室の扉をノックさせた。

「入れ」

床と擦れて軋む音に激しく脈打つ心臓の鼓動が重なる。自分だけにしか聞こえないのが幸いだった。

いよいよヴァルターに離婚を切り出すのだ。

なんとか心を落ち着かせようとして、大丈夫だと自分に言い聞かせる。この診断書さえあればヴァルターも納得してくれるはずだった。

ヴァルターはビロード地の椅子に腰掛け、羽ペンを動かしていたが、扉の向こうにローザリンデの姿を認めて手を止めた。

「君が執務室に来るのは初めてだな」

磨き抜かれたマホガニーの机の上には政務のための書類が山と積み上げられている。一人で捌《さば》ききれる量ではないが、ヴァルターならできてしまうのだから恐ろしかった。

しかし、いくらヴァルターが有能とはいえ、この量は有り得ないと眉を顰めてしまう。

ヴァルターが政務に追われる原因は、怠惰な国王のせいであることは周知の事実だった。

彼は遊び好きで今日もお気に入りの貴婦人たちを応接間に招き、乱痴気騒《らんちき》ぎを繰り広げていると聞いている。

顔立ちが似通っていなければ、とても親子だとは思えなかっただろう。

その分もヴァルターが引き受けているというわけだ。

なお、ヴァルターが成人前には重要な政務のほとんどは、宰相である父のオットーが取り仕切っていた。

しかし、現在は徐々にその権限がヴァルターに移行しつつある。

ヴァルター自身が王家に権力を取り戻すと決意したからだけではない。有力貴族らが政治の実権を握っていたオットーに反感を抱き、対抗馬としてヴァルターを推《お》したのもある。そしてそれ以上にヴァルターに心酔する臣下たちが多数派になりつつあった。

さぞかしオットーには面白くない状況に違いない。

だからこそ、ローザリンデに自分の血を引く王子を産ませ、いずれ傀儡《かいらい》に仕立て上げようとしているのだろう。再び実権を握るためには、ヴァルターは邪魔者でしかないのだ。

その企みを阻止するためにも、ヴァルターと別れなければならない。

ローザリンデは勇気を振り絞って机の前に歩を進めた。

「ヴァルター様、お願いがあります。私と離婚してほしいのです」

執務室にずしりと沈黙が落ちる。その重さに押し潰されそうになったが、ここでめげるわけにはいかなかった。

「実は私は――」

折り畳んであった診断書を見せようとして、その前に「しない」と答えられて手が止まった。

「えっ……」

「離婚はしない。何があろうとだ」

即答だった。

ヴァルターが机に手をつき、音を立てて腰を上げる。

――まったくの無表情だった。

だが、ローザリンデには彼が激怒しているのだとわかる。恐怖で背筋がゾクリとした。

「でっ、でも、私、子どもを産むことができないんです。ここに診断書もあります。出産の義務を果たせない王太子妃など」

ヴァルターは机を回り込んでローザリンデの前に立つと、差し出された診断書を一行も読まずに引き裂いた。

切り裂かれた紙片が室内に舞い散る。

「なっ……どうして……」

「何を言い出すのかと思えば」

ヴァルターはローザリンデの顎を荒々しく掴んだ。いつもの優しいヴァルターとは空気が違う。

「最近の君は様子がおかしい。不妊と診断される前から、私と目が合うと逸《そ》らすようになっただろう。何があった」

「そ、それは……」

指先が頬に食い込んで痛い。

「理由を言うんだ」

ローザリンデはヴァルターの背後に、青く立ち上る怒りの炎を見た気がした。

赤い炎よりも青い方が高温だと聞いたことがある。ならば、ヴァルターの怒りは相当なものだ。

初めて目にするヴァルターの怒りに、恐ろしさで身が竦んでしまう。

だが、まさか自分の前世でヴァルターを推していたので、バッドエンドのラストを知っているからとは言えなかった。

必死になって口を動かす。

「た、体調がおかしくなったので、お医者様に看《み》ていただいたんです」

結果、不妊と診断されショックを受けたのだと。

「ほ、本当にそれ以外に理由はございません。むしろ、これ以上の理由が必要なのでしょうか？」

「……」

ヴァルターはローザリンデを食い入るように見下ろしていたが、やがて「そんなことか」とぽつりと呟いた。

「理由にもならない」

「で、でも、子どもが産めない王太子妃なんて、存在価値自体がなくて」

不意に唇を奪われて目を見開く。

「んっ……んんっ……」

背に手を回され、抱《だ》き竦《すく》められると、わずかな身動《みじろ》ぎすらできなくなった。

呼吸を奪われて息苦しい。代わりにヴァルターの燃えるような吐息を吹き込まれ、喉の奥が焼け焦げそうになった。

「はっ……」

ようやく唇が離れ、空気を途切れ途切れに吸い込む。

琥珀色の目には涙が溜まっていた。

ヴァルターはローザリンデの頬をそっと撫でた。先ほどの口付けとは違って、優しさすら感じてかえって恐ろしい。

「ヴァっ……ヴァルター様……」

「ローザリンデ、君は王太子妃である前に私の女だ」

ローザリンデにはヴァルターの言葉の意味が理解できなかった。

「ヴァ、ヴァルター様の……?」

「そうだ。私だけのものだ。子を産めないくらいで手放すはずがない」

「なっ……」

予想外の答えに言葉を失う。

王太子ともあろう者が、「子を産めないくらいで」などと発言してもいいはずがないのに。

「かっ、考え直してくださいませ。殿下にはお世継ぎを儲《もう》ける義務が……」

「跡継ぎなどどうとでもなる」

分家筋から迎えればいいとの代替案を、ローザリンデは首を横に振って否定した。

なぜそうも簡単に血を継いだ我が子を諦められるのか。

「いっ、いけません。だって……」

それでもヴァルターは揺らがなかった。

「口答えは許さない」

ぐいとローザリンデを抱き上げたかと思うと、強引に机の上に押し倒す。

「あっ……」

後頭部と背をしたたかに打ち付け、視界に火花が散り動けなくなる。

ヴァルターはその間にローザリンデの髪からリボンを引き抜くと、荒々しく細い両手首をまとめて掴み、頭上で縛り上げてしまった。

これから何をされるのかを悟り、ローザリンデは目を大きく見開いて、いやいやと首を横に振る。

「いっ……いけませんっ……。だ、だってこんなところで……もし、誰か来たら……」

「誰か来たところで誰も私を止められない」

国王が遊《あそ》び呆《ほう》けている今、王宮の権力者はヴァルターなのだ。それはヴァルターが望む限り、ローザリンデは決して逃れられないということも意味していた。

「あっ……」

ドレス越しに乳房に触れられ、肩がビクリと震えて思わず声が出る。

悲しいかな、ローザリンデの体は短期間のうちにヴァルターにすっかり馴染《なじ》んで、わずかな指の動きにも反応するようになってしまっていた。

「随分敏感になったな」

ヴァルターが吸血鬼のように首に吸い付く。

「ひっ……」

薄い唇が触れる箇所がもう熱い。

ローザリンデは逃れようとして起き上がろうとしたが、頭上で手首を拘束されているのでろくに動けない。

その間にヴァルターはローザリンデのドレスの襟に手を掛け、力尽くでコルセットごとずり下ろしてしまった。

柔らかな曲線を描く対の乳房がふるりとまろび出る。

「……っ」

「や……あっ」

胸に意識を取られているうちに、今度はドレスをたくし上げられた。

無防備になった秘所が空気に晒《さら》され背筋がゾクリとする。

「ひ……あぁっ」

直後に、隘路に押し込まれた硬いものに背筋が仰け反った。指を入れられたのだと悟るのと同時に、反射的に目の奥から涙が込み上げてくる。

爪先で内壁を掻かれる感覚に肌がざわりと粟立つ。侵入を拒んだ隘路がキュッとその指を締め付けてしまった。

「あれほど君を抱いたのに、ここはまだ随分と狭い」

「……っ」

「ああ、だけど私の指の形は覚えているようだな。ほら」

ヴァルターが指を動かすたびにくちゅくちゅと、濡れて粘《ねば》ついた音がする。

「あっ……やっ……やめてぇ……」

抵抗しようとして身を捩ったが、ズブリと二本目の指を入れられ、言葉を失った。

「ひ……ぃ……ああっ」

前触れもなく隘路の上部を押し上げられると、視界が一瞬真っ白になった。

陸に打ち上げられ、なすすべもない魚のように口がパクパクする。

「やはり君は私に抱かれている時が一番美しい」

淫らな称賛はもはや耳に入らなかった。もちろん、ヴァルターがズボンを下ろす音も。

はっとしたその時にはすでに伸し掛かられ、両足の狭間に腰を押し入れられていた。

「あっ……やっ……やめっ……」

間髪入れずにズンと最奥に衝撃が走る。

体内を肉の楔で一息に貫かれ、声をなくした。

「あ……あっ……」

弱々しく喘ぎ、天井を見つめることしかできない。

ヴァルターの逸物は根元まで入り込んでいる。その大きさ、形、硬さ、熱さを感じ、圧倒的な力で征服される被虐感にまた背筋がゾクゾクした。

「……ローザリンデ、私から逃げようとするなど許さない」

ぐぐと奥深くを穿《うが》たれ、肺から息が押し出される。

「あっ……はぁっ……」

「決して君を離さない。……君だけを愛しているから」

「……っ」

ヴァルターはすでにローザリンデの体のどこが弱く、どう刺激すればどう感じるのかを把握していた。もしかすると本人よりもよく知っているのかもしれない。

弱い箇所を抉られるたびに、なよやかな背筋が弓なりに仰け反り、机の上に軽く打ち付けられる。

「あっ……ひっ……やあ……あぁっ」

ずるりと間際まで引き抜かれたかと思うと、今度はゆっくりと、ズブズブと音を立てて奥深くまで埋められる。

体の中で否《いや》が応《おう》でも感じるその響きが、お前は淫らだとなじられているようで、琥珀色の目にまだ涙が滲んだ。

熱っぽいロイヤルブルーの瞳が快感に身悶えるローザリンデを見下ろす。

「ほら、君も私を咥《くわ》え込んで放さない。本当に私から離れられるのか」

「あ……あっ」

たまらず首を横に振ると白い頬に涙が零《こぼ》れ落《お》ちる。

「おっ……お願いですっ……も、もう……」

「いいや、まだだ。まだ足りない」

ヴァルターの動きが一転して速く、激しくなる。

「やっ……あっ……ああっ……あっ」

体を上下に揺すぶられ机も軋んだ音を立てた。

繋がった箇所からはぐちゅぐちゅと淫靡な水音がする。耳を塞いで聞こえないようにしてしまいたいのに、両手首を拘束されているので何もできない。

淫らな責めにただひたすら耐えるしかなかった。

「あっ……ああっ……やぁっ……」

ヴァルターの体温と快感以外何も考えられなくなる。それでも、次の一言だけは聞こえたのが不思議だった。

「……出すぞ」

その意味を理解し、我に返る。

「だ……めえっ……」

「孕まないなら構わないだろう」

「……っ」

あれは嘘だったとも言えずにいるうちに、子宮に重く強い一突きが加えられる。

「ああっ……」

耐え切れずに限界まで身を仰け反らせる。

次の瞬間、ヴァルターが低く呻《うめ》いて熱い飛沫を放った。細くまろやかな腰にその指先が食い込む。

「あっ……あっ……」

じわりと体内にヴァルターの欲望が染み込んでいく。

ローザリンデは目を見開き、その熱を感じることしかできなかった。


その夜、ローザリンデは熱を出し、久々にヴァルターと別の寝室で眠る羽目になった。

いつもと違うベッドではどうも寝付けないと溜め息を吐く。

もっとも、危機感から睡魔はまったく襲ってこなかったのだが。

「……また、失敗しちゃった」

不妊だと偽《いつわ》り医師の診断書まで用意したのに、ヴァルターは離婚を承諾してくれなかった。

もう何をどうすれば別れてくれるのか思い付かない。神は是が非でもバッドエンドに持って行きたいのだろうか。

「待って。神様……？」

そう、「ワイルドローズ・バイブル」の世界にも神がいて、それぞれの国に国教がある。

ロイトリンゲン王国ではリル神という唯一神が信仰され、全国に教会や修道院が設けられていた。

いくつかの女子向けの修道院は教育機関でもあり、王侯貴族の子女が嫁ぐまで預けられることも少なくない。

また、別の修道院は女性の駆け込み寺として機能していた。家族や夫に虐げられた女が修道女になると、自動的に離縁したと見なされる。なお、女の身分は一切問わないとされていた。

「これよ……！」

反射的に飛び起きる。

ようやく一条の光が差し込んだ気がした。

ロイトリンゲン王国は政教分離政策を取っており、国王といえどもリル教会への口出しはできない。もちろん、政治の実権を握る王太子であってもだ。

「もうこれしかないわ」

ローザリンデは熱で頭が茹《ゆ》だったまま修道女となる計画を立て始めた。

まずは王宮を抜け出さなければならない。夜はヴァルターに抱かれ、昼は侍女、護衛に取り囲まれる中で、一体どうすれば脱出できるのか――。

ローザリンデの前世は真面目だけが取り柄の、とにかく地味な女だった。声を出して初めて「あ、そこにいたの」と認識されたレベルだ。

だから存在感を薄めたり消したりするのはお手の物で、その特技は生まれ変わりであるローザリンデにも受け継がれていた。

その日、きっちりまとめたダークブラウンの髪に、丸眼鏡のメイドが王都に向かう乗合馬車に乗り込もうとしていた。

「ん？　お前、見かけない顔だな。どこの所属だ」

「ワイン倉の管理担当のアーデルハイドです。二週間前に配属されたばかりで」

「あ～、そう言えば新人が入ったって言っていたな。ほら、早く乗れ」

メイド——変装したローザリンデはしめしめとほくそ笑んで馬車に乗り込んだ。

「ワイルドローズ・バイブル」のヴァルタールートには、ヒロインのミアと二人で城下にお忍びに行くシーンがある。その際やはり正体がバレないよう変装し、使用人向けの乗合馬車を利用していた。

その知識と、あらかじめメイドから聞き出していた、使用人の人事情報を利用して同じ手段を採《と》ったのだ。

いつもの高位貴族のキラキラ令嬢オーラをきっちり抑え、髪を染めているせいか、御者はローザリンデが何者かと疑いもしなかった。

乗合馬車は前世のバスのようなもので、両側に長椅子が置かれ、すでに五、六人が腰掛けている。

とりあえず右側の隅の席に腰を下ろし、ほっと安堵の息を吐いた。作戦は成功し、ヴァルターが追ってくる気配はない。

ひとまず終点の王都の大通り南端に行き、馬車を乗り換え、修道院を目指す予定だった。

一時間ほど走ったところで馬車が停《と》まる。

「はい、オーバーシュタイン橋だよ」

繁華街手前に当たるからか、ほとんどの使用人がここで降りた。続く停留所ではローザリンデ一人を残して車内がガランとしてしまう。

乗合馬車はその後もカタコトと音を立てて馬車道を進んでいく。

ローザリンデは王宮から遠ざかるにつれ、胸の痛みを覚えて一人涙を堪えていた。

「ヴァルター様、さようなら……」

ヴァルターとの結婚生活は夢のようだった。愛し愛され……というよりはなぜか溺愛、執着され、悪役でさえなければと切なくなったものだ。

しかし、やはりおのれの幸福よりもヴァルターが生き延びる方が大切だった。

人は心変わりをする生き物だ。今は自分を愛してくれているが、何せなんの欠点もない、メインヒーローの王子様である。たとえミアではなくとも、いずれヴァルターに相応しい令嬢が現れるはずだった。

あのロイヤルブルーの眼差しが他の女に向けられると想像すると、また心臓を切り裂かれるような思いがしたがぐっと手を握り締めて堪えた。

それからまた三十分ほど走っただろうか。ようやく乗合馬車が停まった。

「大通り南端ですか?」

「ああ、そうだ」

扉が開けられたので、古ぼけたカバンを手に取り降りる。

「えっ……」

周囲の景色を見回して目を見開く。

「どっ、どうして……?」

目の前に終点の大通り南端どころか、見慣れた王宮が聳《そび》え立《た》っていたからだ。

寝過ごした覚えもないのになぜだと混乱していると、背後からそっと肩に手が掛けられた。

「君が帰る場所も行く場所もここしかない」

「……っ」

低く、心地よく、少し掠れた声に背筋がゾクリとする。

――まさか。

「よくここまで調べたものだ。だが、私も変装が得意なのだとは知らなかったようだな」

息を呑んで恐る恐る振り返ると、後ろに佇んでいた御者が深く被っていた帽子を取った。

「ヴァ、ヴァルター様っ……」

くせのない銀髪が零れ落ち、秀麗な美貌が露《あら》わになる。ロイヤルブルーの眼差しはローザリンデ一人を睨《ね》め付けていた。

なんと、御者がヴァルターだったのだ。

よく考えなくともヴァルターが変装の達人なのは知っていた。ゲームでも別人にしか見えなかったからこそ、護衛も付けずにお忍びにいけたのだから。

それにしても、声音や口調、雰囲気や仕草まで変えられるものなのか。いいや、それより前に――。

ヴァルターは絶句するローザリンデに尋ねた。

「なぜ脱走計画がわかったと問いたいのだろう。君が何を考えているのかくらいすぐにわかる」

「……」

ローザリンデは自分を単純な性格だと自覚している。何せヴァルターと出会って十二年、彼への恋心が人格の根幹になっていたのだから。

それでも長年貴族の令嬢として生きてきたのだ。それなりの外面はあったし、感情の抑え方や表情の作り方も知っていた。人が何を考えているのかを読み取り、どんな言動を取るのかも予想できるよう訓練もされている。

なのに、ヴァルターにはとっくに計画がばれていたのだとは、それまでずっと一緒にいたはずなのにまったく気付かなかった。

ヴァルターは腰を屈《かが》めて慄《おのの》くローザリンデの耳元に囁いた。

「私の妻にじゃじゃ馬の気質があったとは知らなかった」

「ち、違うんです。これは……」

言い訳をしようとして、打ち明けられるはずもないので口を噤《つぐ》む。

そうした態度を、拒絶していると取ったのか、ロイヤルブルーの瞳の奥に苛立《いらだ》たしそうな光が煌《きら》めいた。

「何が違う」

「きゃっ」

間髪を容《い》れずに背と膝の裏に手を回され横抱きにされてしまう。反射的にバランスを取ろうとして、ヴァルターの首に手を回した。

ヴァルターは衛兵に断りを入れ、両開きの扉を潜ると廊下を抜け、庭園に続くアーチ型の出入り口を潜り抜けた。

「あ、あのっ、ヴァルター様、一体どこへ行くんでしょう？」

「……」

ヴァルターは答えない。

だが、見覚えのある生け垣に来たところではっとした。

あの秘密の花園だ。

ヴァルターは隠し扉を足で開けると、薄ピンクのつる薔薇に覆われたガゼボに向かい、中の長椅子にローザリンデを下ろした。

「まったく」

煩わしそうに腕を組む。

「君がこんな無茶な真似をしでかすとは」

「ご、ごめんなさい……」

ヴァルターへの申し訳なさもあるが、念には念を入れた計画と変装だったのに、あっさり見破られたショックが大きかった。ヴァルターには何もかも見通されているのではないか。

「君は私を舐《な》めている」

「ほ、本当にごめんなさ……」

もう謝罪の言葉もなかった。

ヴァルターはローザリンデの隣に腰を下ろすと、

「私は君のことをなんでも知っているつもりでいた」と呟いた。

「そ、それは私も……」

まさか前世でゲームのヴァルターのファン……というよりはすでにストーカーだったとは言い辛い。

ローザリンデが口籠もる間にロイヤルブルーの双眸に影が落ちる。

「だから、近頃そうではなかったのだと思い知らされて苦しい」

「えっ……」

ヴァルターがこれまで悲しい、苦しい、辛いと、弱音を吐いたことは一度もなかったので驚いた。

「私は嫉妬深い男だ。君の身も心も何もかもを手に入れたい。だから、君に隠し事をされると、それだけで胸を掻き毟《むし》られる思いがする」

「ヴァルター様……」

これほど思ってくれているのに、何も告げずに逃げ出していいのか。あまりにも不誠実ではないかと罪悪感に胸が締め付けられる。

それにとヴァルタールートのバッドエンドを脳裏に思い浮かべる。

――決してあんな終わりを迎えてほしくはなかった。

なら、警告として理由を話しておいた方がいい。

「実は……」

膝の上の拳をぎゅっと握り締める。

「ヴァルター様も私の父の……ヴァレンシュタイン公の権力欲が強いことは知っていると思います……」

いくら愛されずに育ったとはいえ、やはり生みの親には違いない。そこから先を打ち明けると胸が苦しくなった。

「父は私がヴァルター様のお子を……王子を産んだ暁《あかつき》には、ヴァルター様を暗殺するつもりなのです」

そして、新王太子となった孫の後ろ盾となり、更に現国王が崩御したあかつきには、いよいよ新国王を傀儡《かいらい》としてロイトリンゲン王国の実質的な支配者となるつもりだと。

「私は……ヴァルター様の邪魔になりたくはありません」

このままではバッドエンドルートまっしぐらだ。

目の奥から熱いものが込み上げてきたがぐっと堪える。

前世で「ワイルドローズ・バイブル」をプレイしていた頃には、自分もヴァルターと恋をしたいと夢見ていた。

だが、ヴァルターの命と引き換えになど冗談ではない。それくらいなら心が引き裂かれようと、ヴァルターと別れる方がよほどよかった。

「だから……離婚してほしいんです」

それからどれだけの時が過ぎたのだろうか。

ふわりとそよ風が吹き、ローザリンデの赤毛をさらう。

「リンディ」

ヴァルターはその髪にそっと手を埋めた。よしよしと撫でてくれる。

「ヴァ、ヴァルター様……？」

ロイヤルブルーの瞳がローザリンデだけを映していた。よく見るとどこから飛んできたのか、頭に薄ピンクの花弁が付いている。

「そんなことはもう知っている」

「えっ……」

またそよ風が吹き、今度は髪の花弁をどこかに吹き流した。

「ヴァレンシュタイン公がいかにも考えそうなことだ。君を悩ませて済まなかった」

「だが」と迷いなく言葉を続ける。

「みすみすやられはしない」

「で、でも……」

ローザリンデは、オットーは狡猾《こうかつ》な男だから、ヴァルターが心配なのだと訴えようとしたが、その言葉はヴァルターの唇で塞がれてしまった。

「んっ……」

初めは先ほどのそよ風のような優しいキスだったのに、繰り返されるごとに深くなり、やがて背に手を回される。

「んんっ……」

吐き出した息を奪われ、続いてより熱くなった息を吹き込まれ、頭がクラクラする。

長い、長い口付けが終わる頃には、我慢していた涙が流れ落ちていた。

ヴァルターはローザリンデの頬を指先で拭うと、そのまま両手で包み込んで目を覗き込んだ。

「約束する。私は何者にも殺されることはない。私の命を奪うことができるのは……君だけだ。君にになら殺されても構わない」

「そんな、ヴァルター様。私はヴァルター様に生きてほしいのです」

「なら、私から離れようとしないでくれ。君がそばにいないと、私はそれこそ死んでしまいそうになる」

いつもよりどこか切ない眼差しと口調に、ローザリンデは頷くしかなかった。

# 第二章　ついにヒロイン登場か⁉

秘密の花園で不安を打ち明けて以来、ヴァルターの溺愛はより甘く、激しく、深くなっている気がする。

王太子夫妻の寝室の薄闇に、なよやかで女らしい白い肢体がぼんやりと浮かぶ。ローザリンデの生まれたままのその姿は、薔薇の化身と見紛《みまが》う美しさだった。

背後にはヴァルターがおり、彫像のように鍛え抜かれた肉体である。こちらは上半身は裸身で、下半身はズボンをずり下ろしていた。

「ああっ……ヴァルター様ぁ……そこ、だめぇ……」

ローザリンデははあっと息を吐いた。

ベッドのシーツの上に四《よ》つん這《ば》いになり、なんとか我が身を支えているのだが、背後から強く体内を突き上げられるごとに足がガクガク震える。ヴァルターに背後から腰を掴まれていなければ、とっくにくずおれていたに違いなかった。

獣さながらの後背位は初めてで、いつもとは異なる角度からの挿入に身悶える。

抜き差しされるたびに垂れ下がった二つの乳房が妖しく揺れた。その頂はすでにピンと立って薔薇色《ばらいろ》に染まっている。

滑らかで白い背に不意に熱い口付けが落とされる。

「ひゃんっ……あっ……いいっ……好きぃ……」

ローザリンデはゾクゾクと身を震わせた。

いつもより低いヴァルターの声が耳を擽《くすぐ》る。

「君はここが弱いんだな」

「あンっ」

不意に背後から回された手に左乳房を掴まれ、指の痕が赤く残るほど強く揉み込まれる。更に敏感な先端をクリクリと捏ね回され、だらしなく開いた唇の狭間から唾液が滴った。

「あっ……あっ……ああんっ」

声が熱に染まっていくのを自覚してしまう。

ヴァルターに触れられるだけで身も心も蕩けそうになるのに、抱かれるともう自分が何者なのかも忘れてしまいそうだ。

あまりの快感に大きな琥珀色の目には涙が浮かんでいた。

「君は今頃また泣きそうになっているのだろうな」

「……っ」

ヴァルターは本当に何もかもお見通しなのだと思う。そして、今はローザリンデの体の隅々まで知り尽くそうとしていた。

子宮への不意打ちの一突きになけなしの意志が陥落し、あられもない喘ぎ声を上げてしまう。

「あっ……ひゃあっ……」

続いていきなりずるりと肉の楔を引き抜かれ、内壁を擦られる感覚に全身の肌が粟立つ。

ついに足からがくりと力が抜け落ち、その場に倒れ伏してしまった。

だが、すぐにヴァルターに体を仰向《あおむ》けにされ、素早く伸し掛かられる。

「リンディ、顔を見せてくれ」

すぐそばに前世も今生も焦がれた秀麗な美貌があり、ロイヤルブルーが自分だけを映し出している。

ローザリンデがその深さに見惚れる間に、ヴァルターは力なく開いた足の間におのれの分身を宛《あて》がった。

「あっ……」

ズブズブと濡れた音を立てて隘路を貫く。

「ああ……」

ローザリンデは大きく息を吐いた。

女の部分を満たされ、愛される歓喜に刺激され、滾々《こんこん》と蜜が湧き出てくる。体を小刻みに上下に揺すぶられると、ヴァルターの動きに合わせて甘い喘ぎ声が漏れ出た。

「あっ……あんっ……ひゃうっ」

視界が快感で純白に染められていき、何も考えられなくなっていく。

「……」

ヴァルターは繋がったまま石畳に両膝をつくと、ぐっとまろやかな細腰を掴んで引き寄せた。

「んあっ……」

ローザリンデの目が大きく見開かれる。

突かれるのではなく、引き寄せられることで挿入が深まる感覚に、全身がブルブルと震えた。

ローザリンデの覚醒を見て取ったのか、ヴァルターがまた腰を打ち付ける。

「あン……あっ」

強引に意識を引《ひ》き摺《ず》り戻され、ローザリンデは息を荒らげた。

「あっ……あっ……あああっ」

ヴァルターは時折呼吸する時間を与えてくれたが、その束《つか》の間《ま》の休息は不意に挿入される際の感覚を強め、より喘がせるものでしかなかった。

「あっ……あっ……うあっ……」

ローザリンデが弓なりに背を仰け反らせるのと同時に、ヴァルターが獣さながらに低く呻く。

「ああ……」

このまま妊娠してしまうのではないか——ローザリンデの脳裏に一抹の不安が過る。

だが、ヴァルターは腰を押し付けたままローザリンデを放そうとしなかった。まるで、一刻も早く孕ませようとでもするかのように。

「愛しているよ、ローザリンデ」

ローザリンデだけが聞けるその囁きは、どこまでも甘く熱かった。


——このままではいずれ身籠もってしまう。

ヴァルターは大丈夫だ。ちゃんと警戒していると説明してくれたが、オットーをよく知る身としては、やはり不安が拭い切れなかった。

その不安がストレスになったのだろうか。ローザリンデは軽い風邪を引き、大事を取って別室の寝室で数日寝込む羽目になった。

ヴァルターはよほど心配だったのか、貴族たちの見舞いはすべて断っていた。ローザリンデはゆっくり今後について考えたかったので、この対応はありがたかった。

しかし、二日目に見舞いに訪れた、ある人物だけは大歓迎だった。

「リンディ、久しぶりだな。元気だったか？」

ローザリンデは子どものようにぱっと顔を輝かせた。

「お兄様！　お見舞いに来てくれたの？」

「ああ、お前の具合が悪いから、見舞いに来てやってくれと殿下がおっしゃったんだ。きっとリンディも不安になっているだろうからと」

「……ヴァルター様が？」

「結婚前には風邪一つ引いたことがなかったのに、珍しいな」

なんと、ヴァルターが兄に見舞いを頼んできたのだと聞き、やはり優しいのだと実感する。

たったそれだけのことなのに、またぐっと心を引き寄せられてしまった。

「ありがとう、お兄様。……確かにちょっと不安だったの」

今のところ宮廷医から懐妊はまだだと聞いているが、このままではいつ身籠もるかわからない。

「なら、来てよかったな」

アレクシスはベッドの縁に腰を下ろし、幼い頃のようによしよしと髪を撫でてくれた。

「お兄様……」

甘えて猫のように手に頭を擦り付ける。

「はは、結婚してもまだまだ子どもだな」

というよりは、アレクシスの前だと子どもに戻れるのだ。

先月二十六歳になったばかりのこの兄は、ローザリンデを男性化し、よりキリリとさせた印象の美青年だ。髪の色だけではなく、琥珀色の瞳も妹と同じである。

ローザリンデはこのアレクシスが大好きだった。

愛情を注ぐどころかああしろ、こうしろ、そうではない、と要求と叱責しかしない父のオットーや幼い頃儚《はかな》くなった母に代わって、家族として可愛がってくれたのはアレクシスだったからだ。

なお、たった一人の兄弟であるのと同時に、「ワイルドローズ・バイブル」では攻略対象の一人でもある。

ヴァルターがクール系カリスマ王子なのだとすれば、アレクシスは主君であるヴァルターに忠実な、騎士的なお仕えキャラが売りだった。また、家族には愛情深く、女には紳士的で優しいタイプだ。

「どうだ。少しは良くなったのか」

「ええ、ヴァルター様がすごく心配されて、私が好きなものをたくさん届けてくれたの。それだけで大分よくなっちゃった。だから、もうすぐ起きられると思うわ」

ベッドの近くに設置された棚には、好物のリンゴの盛り付けられた籠やハーブのポプリ、熊のぬいぐるみなどが所狭しと並べられている。

アレクシスがその中の熊のぬいぐるみに目を留めた。

「お前、まだこれを持っていたのか」

「うん、どんなにボロボロになっても捨てられなくて」

「そうか……」

アレクシスは目を細めていたが、やがてその表情がふと曇った。

「お兄様どうしたの？」

「その……お前が身籠ったのではないかと思ったんだが、違ったのか」

心臓を鷲掴みにされた気がした。声が震えそうになるのをどうにか堪える。

「やだ、お兄様、まだ結婚して半年も経っていないのよ」

「身籠るには十分な期間だろう」

アレクシスはローザリンデの意思を尊重し、今まで決してプライベートを暴こうとはしなかった。父のオットーがヴァルターとの夫婦仲や懐妊を、会うたび、使者を派遣するたび、手紙を出すたびに根掘り葉掘り探ろうとするのとは対照的だ。

アレクシスも表情からローザリンデの戸惑いを見て取ったのだろう。「知りたい理由がある」と溜め息を吐いて窓の外に目を向けた。

「なるべく巻き込みたくはなかったが、お前ももう王太子妃だ。聞いておいた方がいいだろう」

重々しい口調にローザリンデは目を瞬かせた。

「私に関係が……？」

「ああ、そうだ。父上が宮廷における影響力を取り戻そうとしていることは知っているな」

現在、宮廷の派閥は二つに分かれている。宰相のオットー派と王太子ヴァルター派だ。

以前はオットー派が優勢だったが、現在はヴァルター派が逆転し、優位に立ちつつある。

「父上はお前がこの数年で殿下のお子を……男児を産むと想定し、その乳母を手飼いの女性から推薦しようとしている。近いうちにその件で父上が接触を取ろうとしてくるはずだ」

「なっ……」

王侯貴族の子女には乳母がつけられることが多い。

乳母は生みの母に代わって日常生活の世話をする。場合によっては実母より接触の機会が多いため、子どもはその影響を受けやすくなっていた。

ローザリンデにも第二の母とも言える乳母がいる。母が三歳で亡くなったので、以降彼女に育てられていた。

その乳母に四六時中「ローザリンデ様は世界一可愛らしゅうございます」、「ローザリンデ様ほど王太子妃に相応しい方はいらっしゃいません」と言い聞かせられていたのだ。

今思えばオットーにそう教育するように命じられていたのだろう。もっとも、前世から魂がヴァルター一色で染まっていたので、わざわざ洗脳されなくてもあのロイヤルブルーの瞳に夢中になっていただろうが。

ローザリンデは首を小さく横に振って「無理よ」と否定した。

「まだ生まれてすらいないのに早すぎるでしょう。それに、そんな勝手な真似はヴァルター様がお許しにならないはず」

「いいや、可能性はある」

アレクシスは自分と同じ琥珀色の瞳を見つめた。

「お前が望めばそうなるかもしれない。だから、父上には注意しておくんだ」

ヴァルターは他の女に見向きもせず、ローザリンデただ一人を溺愛しているからだと。

「そんな、溺愛だなんて。それはその……私がヴァルター様の周りから他の女を追い払ったから……私以外女性がいなくなったからで」

今思えばなんと痛々しい真似をしたのだと赤面してしまう。

ローザリンデは六歳でヴァルターの婚約者に内定したが、その程度で諦めない令嬢は星の数ほどいた。

ローザリンデから王太子妃の座を奪おうとする令嬢、妃は無理でもと愛妾《あいしょう》になろうとする侍女、一夜限りのお情けがほしいと望む貴婦人――。

ローザリンデはその全員を片端から蹴散らしたのだ。

妃の座狙いには実家の権勢を利用して圧力を掛け、愛妾希望者には立場上絶対に断れない縁談を押し付けた。

ワンナイトラブを企みヴァルターを社交に招待する既婚者がいた場合、その女がヴァルターのベッドに忍び入る前に自分が潜り込んで、なぜローザリンデがいるのかと肝を潰す女の手をがっしと掴んだ。

そして、「……さああ、素敵な夜を過ごしましょう。私と。夜は長いもの。じっくりお話ししたいわ」とホラー展開に持っていったのだ。

その一件以降はヴァルター狙いの令嬢、貴婦人は皆ローザリンデに恐れをなし、「王太子殿下には手を出すな」との暗黙の了解ができてしまった。まさに悪役令嬢である。

前世の記憶を思い出した今となっては、他の女を排除するのに手段を選ばなさ過ぎて、それまでの自分にドン引きどころではない。

アレクシスは苦笑して足を組んだ。

「殿下が本当に女好きだったらお前の妨害程度でめげやしないさ。お前を鬱陶《うっとう》しく思っていたのなら、今まで婚約破棄に持ち込める機会もいくらでもあった」

なのに、ヴァルターは幼い頃の婚約を継続し、そのままローザリンデと結婚した。

「あの方は常に有利で合理的な選択しかしない。それでも政敵の娘であるお前と結婚したのは、愛しているからだとしか考えられない。お前より殿下の長くそばにいた俺が保証する」

兄の人を見る目は確かなので、ヴァルターの愛情はやはり本物に違いない。

「つまり、それは……私がヴァルター様の唯一の弱点になっているということね？」

アレクシスの前ではつい声が震えてしまった。

「そう……。お兄様はこうなるとわかっていたから私を止めようとしたのね」

あれは十四歳の頃だったか。アレクシスにヴァルターとの婚約を考え直さないかと提案されたことがある。

『お前が王太子妃に相応しくないわけではない。ただ、父上が殿下を疎ましく思っていると知っているだろう。いずれ必ず板挟みになって苦しむことになる』

だが、まだ幼いゆえに恐れを知らず、自信満々だったローザリンデは、「そんなの大丈夫よ」と突っぱねた。

『私が王家とヴァレンシュタイン家の架け橋になるわ。私にならきっとできるわよ』

今にして思えばなんと傲慢だったのだろう。前世の記憶を思い出していなければ、今も何も考えず突っ走っていたのかもしれないと思うとぞっとした。

一方、アレクシスはヴァルターの側近である。ローザリンデと同じく少年時代からヴァルターに仕えており、やはりオットーが意図しての人事だった。

恐らくスパイ役か、いざという時ヴァルターの動きを抑えるために派遣したのだろう。実子であれば裏切るはずがないと思い込んでいたのか。

ところが、この計画は誤算だった。アレクシスがヴァルターに心酔し、忠実な臣下となってしまったからだ。

結果、現在は親子で派閥が分かれて対立している。筆頭公爵家の長男でありながら、いまだ兄に婚約者がいないのはその影響も大きいと考えられた。

アレクシスもきっとオットーとヴァルターとの板挟みになって苦悩したのだろう。それでも、自分の将来を捨ててでもヴァルターを選んだのは、ロイトリンゲン王国の頂点に立つに相応しい、素晴らしい統治者になると判断したからだ。

アレクシスは嘆くローザリンデの肩をそっと抱き寄せた。

「もっとも、お前が言うことを聞くとは思わなかったがな。昔から王太子殿下だけは決して譲らなかっただろう」

「……」

「お前も殿下を愛しているのなら仕方がない。愛する者と思い合える幸福に代わるものはない。俺も全力でお前を守ってやるから安心しろ」

昔から変わらない、兄の温もりに涙腺が緩む。

「……ありがとう。お兄様」

＊＊＊

――ヴァルターには愛され、アレクシスにも守られている。なのに、どうしても不安を拭い切れない。

ローザリンデは自分を叱咤《しった》した。

「もう、二人を信じなくちゃ駄目よ」

自身もバッドエンド回避を諦めたわけではない。この状況でも何かできることはないかと、ひたすら解決策を模索していた。

——その日ローザリンデは庭園内の回廊建築近くにある、人造湖付近を気が向くままに散策していた。

この湖には景観を美化するため、中央に人口島が、西側には石橋が造設されている。

何気なく欄干から見下ろすと、水鏡に自分の顔が映った。

「結構深いのね」

お付きの侍女が小さく頷く。

「ええ。一昨日雨が降ったのもあるでしょうね」

貯水池の役割も兼ねているので、広さだけではなく深さもそれなりにあると聞いている。

「あら」

侍女が空を見上げて声を上げる。薄い雲からパラパラと小雨が降ってきたのだ。

「妃殿下、少々お待ちいただけますか。ただ今、傘をお持ちしますので」

「ええ。急がなくてもいいから」

ローザリンデがそう答えた直後のことだった。

カラスがローザリンデの帽子目がけて飛んできたのだ。羽根飾りを狙ったのだろうか。

体勢が崩れそのまま前に倒れる。

「ひっ……妃殿下⁉」

侍女が悲鳴を上げた時にはもう遅かった。

欄干が低い上に雨で濡れていたからか、そのまま体がずるりと滑り落ちる。

「きゃっ……」

我に返って落ちるのを覚悟して目を閉じる。

ところが、途中背後からがしりと腰を掴まれた。

「危ない！」

二人分の重みでバランスを崩し、石橋の上に尻餅をつく。

「痛た……」

通行人が助けてくれたのだろうか。

礼を言おうとして顔を上げ、衝撃に身が強張る。

「大丈夫ですか？」

同年代の美女が腰を屈めて手を差し伸べている。

栗色《くりいろ》の髪にエメラルドグリーンの瞳、淡青色のドレス――同性なのに可愛らしさについ目を奪われてしまう。そして、この女の名をローザリンデはもう知っていた。

「ミア……」

しかし、自分は王太子妃なのだから、感情を露わにしてはいけないと言い聞かせる。常に高貴かつ優雅に振る舞い、さすが王太子殿下の選んだ妃だと思わせ、ヴァルターを立てなければならない。

　ローザリンデは改めて相手の女性を眺めた。

　髪の色こそストロベリーブロンドではないが、顔立ちはミアそのものだ。前世ゲームで、公式サイトで、二次創作で何度も見たのだから間違いない。

　動揺を押し殺してミアの手を取り、「ご親切にありがとうございます」と腰を上げる。

「あなたのお名前は？」

　美女は尋ねられて名を名乗った。

「……はい。ミリアムと申します」

「ミリアム？」

　やはりゲームで聞いたミアの声だ。人気声優の声だったのでよく覚えている。なのに、ミアだと返ってこなかったのでまた驚いた。

　ミアは本名で長い名の短縮形や愛称ではなかったはずだ。

　間違いなく「ワイルドローズ・バイブル」のヒロイン・ミアで、この愛らしい美貌は二つとないはずなのに、なぜ氏素性を偽ろうとしているのか。

　理由を探るべく「よろしければ」と口を開く。

「これからお茶をする予定なのですが、助けていただいたお礼にご一緒にどうでしょう？　私はヴァルター王太子殿下の妃、ローザリンデと申します」

ミアもローザリンデから目を逸らさなかった。

「光栄ですわ、妃殿下。私はブラウンシュヴァイク家の長女、ミリアムと申します。」

ローザリンデは前世で「ワイルドローズ・バイブル」を何十回もプレイしただけに、ヴァルターだけではなくミアの趣味嗜好《しこう》も完璧に把握していた。

早速王族専用の応接間に招き、テーブルを挟んでそれぞれの長椅子に腰を下ろす。

「お茶とお菓子をどうぞ」

ミリアムの目がわずかに見開かれる。

「あっ、このビスケット……」

「あら、ご存知《ぞんじ》ですか？　シュペクラティウスです」

シュペクラティウスはショウガ入りのビスケットだ。手頃な価格かつ素朴な味が特徴で、ミアの好物でもある。

まだ孤児院にいた頃、年に一度配られるお菓子がこのシュペクラティウスで、ミアは毎年楽しみにしていたのだ。

ヴァルターを攻略対象とした場合、ミアがシュペクラティウスを焼いて、秘密の花園で二人きりで食べるイベントがある。ヴァルターもすっかり気に入って、以降「シュペクラティウスを食べよう」が逢瀬の合い言葉となる。

「ミリアム様もお好きでしょう?」

鎌を掛けたつもりだった。

ミリアムは一瞬ギクリと体を強張らせたが、すぐに可愛らしい微笑みを浮かべながらこう答えた。

「以前慈善事業で孤児院に出向いた際、子どもたちからお礼にと渡されました。ショウガ味のビスケットは初めてだったので驚きましたね」

注がれたお茶のカップに口を付け、「美味《おい》しいですね」と少々引き攣った顔で笑う。

本人は不自然にならないよう振る舞っているが、仕草がなんとなくぎこちない。高価なカップを手にし、尻込みしているように見える。

「ミリアム様のお父上はブラウンシュヴァイク伯……でしたね。伯爵はお元気ですか」

ブラウンシュヴァイク家は建国時から家系の続く古い貴族だ。現当主には子女が令嬢のミリアムしかいないので、成人ししだい、婿を取る予定だった。

ところが、数年前伯爵が事業で失敗して多額の借金を抱え、ほぼ決定していた婚約が破談になったと聞いている。

なのに、今ここにいるミリアムのドレスやイヤリング、ネックレス、髪飾りなどの宝飾品は一流品だ。肌もよく手入れされている。一体どこから資金を捻出したのか。

あれこれ考えを巡らすローザリンデを前に、ミリアムはまだ顔を引き攣らせたまま笑った。

「ええ。私も先日十八歳となり、成人しましたので、父ともども国王夫妻にご挨拶にうかがいました。妃殿下にもお会いできてよかったです」

ミリアムはスケベな国王に気に入られ、庭園を自由に散策する許可を得たのだそうだ。せっかくだからとあちらこちらを見学していたところ、石橋から落ちそうになっているローザリンデに出くわし、慌てて助けに入ったのだと言う。

「そう、だったのですか。私もミリアム様にお会いできてよかったです」

ロイトリンゲン王国では成人年齢は男女ともに十八歳とされている。とはいえ、王侯貴族の場合十五、六歳で社交界デビューし、すでに大人と見なされるのが慣例だ。

しかし、ミリアムは一度も顔を出したことがない。ドレスを仕立てる金がなかったからだけではない。幼い頃から病弱で体力がなく、十分も立っていると倒れてしまうので、社交が無理だからとの噂《うわさ》があった。

ブラウンシュヴァイク家の財政難が誤情報なら、数年前の悲惨な状況からどう復活したのか。

また、ミリアムはいつの間に元気になったのか。

——結局、即席のお茶会ではミリアムの正体がミアだと確認できなかった。咄嗟《とっさ》に人助けをするくらいなのだから、人柄はいいとは思うのだが——。

また、ブラウンシュヴァイク伯爵家への疑惑も生まれてしまった。

ブラウンシュヴァイク家の借金は領地や調度品を売り払っても清算できなかったはずなのに。

どうも気になってしまい、現在の財務状況を調査してみると、聞いたこともない商人から出資を受けている。

これはミリアムが絡まなくても怪しい。利益を生む事業や財産がないにも関わらずだ。

そこで、調査報告書を受け取ったその夜、ブラウンシュヴァイク家の現状を、就寝前ベッドに腰掛け、ヴァルターに報告した。

ローザリンデの隣に座るヴァルターが、「なるほど」と目を伏せて顎に手を当てる。

「確かに奇妙な話だ。しかも、この数年以内にか」

「そうでしょう。念のためにヴァルター様も調査してくれないでしょうか。私の力ではここまでしか……」

「ああ、もちろんだ」

ヴァルターの答えを聞いて、内心うまくいったとほっとする。

ローザリンデには調査以外にもう一つ目的があった。

「ところで」

ロイヤルブルーの瞳が不意にローザリンデに向けられる。

「リンディ、もう一つ報告があるはずだ」

「えっ……」

心臓がドキリと鳴る。

まさか、ミリアムの件だろうか。

もちろん、彼女の正体についても調査させている。

ブラウンシュヴァイク家の一人娘の容姿は、栗色の髪にエメラルドグリーンの瞳の美女なのだそうだ。先週会ったミリアムと同じである。

だが、いくつか気になる点があった。

まず、そのミリアムは病弱な上に人見知りで、婚約者ですら顔を見たことがなかったという。つまり、ブラウンシュヴァイク伯爵夫妻と屋敷の使用人しか顔を知らない。

ところが、伯爵家が破産しかかった頃にみるみる元気になり、活発にもなって外に出られるようになったと。

どうもすべてが不自然だ。何か理由があってミアが身代わりを演じているのではないかと思えてならない。

ゲームでもミアが勤め先の令嬢の身代わりとなっている。そこから「ワイルドローズ・バイブル」の物語が始まるのだ。

ローザリンデは思う。

この世界は主人公のミアのラブストーリーを中心に動くはず。だから、多少のバグが発生しようと、彼女を王宮に導く強制力が働いたのではないかと。

ならば、やはり近い将来ヴァルターと出会い、結ばれる運命ではないか。

もしこの予想が当たってしまったら――。

もちろん、こんなことを打ち明けられるはずがない。客観的に見れば気が狂ったかと思われそうな話だ。だから、こう答えるしかなかった。

「それ以外ありませんが……」

「いいや。あるはずだ。人工湖に落ちかけたそうだな」

言葉とともに腰に手を回され、そっとベッドに横たえられてしまう。

「あっ、はい。でも、たいしたことではなかったので……」

「たいしたことだ」

ヴァルターはそう断言し、いつもよりぐっと低い声で「心配した」と囁いた。

「君が溺れかけたと聞いて気が狂いそうだった」

「ヴァルター様……」

「君だけが私を狂わせる」

ヴァルターはいつもより強引にローザリンデの唇を奪った。

「んっ……う……ん」

強引に割り開かれ口内を蹂躙《じゅうりん》される。ぐちゅぐちゅと淫らな音が口内に響いた。「ん……ん……んあっ」

ようやく酸素にありつくと、間髪を容れずに首筋に吸い付かれた。吸血鬼に血を吸われているのではないかと錯覚してしまいそうだ。

ヴァルターとともに人外となり、永遠の時を過ごすことができればどれほど幸せか——そんな思いを抱く間もなく、寝間着の胸元に手を掛けられ、ボタンを外されてしまう。

白く豊かな乳房がふるふると揺れながらまろび出た。

「リンディ……」

今度は右胸に吸い付かれ、軽い快感に背を仰け反らせる。

「あ……ン、ヴァルター様……」

ヴァルターに抱かれるのは好きだとローザリンデは思う。与えられる熱で不安どころか意識ごと蕩けてしまうから。

そう怯える間に寝間着を剥ぎ取られ、一糸纏わぬ裸身にさせられた。

ロイヤルブルーの視線がまろやかな女体の曲線を辿《たど》る。

「綺麗だ……」

もう何度も抱かれているはずなのに、いまだにこの熱い視線にはゾクゾクする。情熱で焼き殺されそうになってしまう。

いっそこうして抱かれている最中に、幸福なまま死んでしまいたいと望みすらしてしまう。

「君の命も私のものだ」

腰帯が解かれる音とともに、筋肉質の胸板と引き締まった腹部、赤黒くそそり立った雄の証が露わになる。

「……っ」

今夜もきっと何度も気をやらされ抱き潰されるのだろう。

今はただ快感に身も心も委ねてしまいたかった。

＊＊＊

王宮では季節が変わるごとに舞踏会が開催される。

本来王妃、王太子妃が交代で主催するのだが、王妃が夫の国王と同じく遊び好きで、王族としての責務を放棄している。これまたヴァルターの生みの親とは信じられなかった。

そのため現在社交界の行事は、ほぼローザリンデが取り仕切っている。

ちなみに、今夜は秋の舞踏会だ。

有力貴族とその夫人、令息、令嬢を招待している。その中にはもちろんミリアムもいた。

——会場となった王宮の大広間は室内装飾の芸術性で名高い。

昼には陽の光を、黄昏時《たそがれどき》には夕日を、夜には月明かりを取り込むよう、大きなアーチ型の窓が等間隔に設計されている。

壁は光の色を活《い》かすため純白で、シャンデリアや壁掛けの燭台《しょくだい》は黄金で統一されていた。

おあつらえ向きに今夜は雲一つない満月だ。大広間は室内全体が月光と同じ柔らかな黄金色に染まっている。

招待客の夫人や令嬢たちの色鮮やかなドレスも、会場にいっそうの彩りを添えていた。

ローザリンデも今夜は薔薇色のドレスを身に纏っている。

揃《そろ》いのルビーのイヤリングとネックレスは十八歳の誕生日にヴァルターに贈られたもの。左手の薬指にはめたダイヤモンドの指輪は結婚指輪だ。

神に愛を誓い、夫婦となった挙式では、まさか自分から別れるなど考えもしなかった。幸福の絶頂にいたあの頃が懐かしくも切ない。

そんな心境を知るはずもない取り巻き一人が、はしゃぎながら無邪気に話を続けた。

「王太子殿下ご夫妻も結婚されてもう半年ですか。早いですね」

「ええ、本当にあっという間でしたわ」

ローザリンデは王太子妃然とした優雅な微笑みを浮かべた。

「殿下のおかげでなんとかやって来られました」

ローザリンデの言葉を受け、隣のヴァルターが唇の端を上げる。

「それは私のセリフだ。ローザリンデこそ私をよく助けてくれている。将来の国母に相応しい」

「まあまあ、仲がよろしいようで何よりです」

このやり取りには曖昧に笑うしかなかった。

将来の国母と呼ばれると、照れ臭さよりもまた不安を覚えてしまう。

誰にも気付かれぬようそっと腹を押さえる。先月は月のものが来たが今月はどうか。昨夜もヴァルターに抱かれたので内心戦々恐々としていた。

「あら……？」

取り巻きの夫人が首を傾《かし》げて振り返る。突然大広間のざわめきが止んだからだろう。

招待客らは皆ある一点を見つめていた。ローザリンデも何事かとその視線を追つ。

宮廷楽団のワルツの音楽が流れる中、一人の令嬢がエスコート役の男に手を取られ、ゆっくりと会場を横切っていく。

山吹色のドレス姿から目が離せない。否が応でも惹《ひ》き付けられてしまう。

それほど彼女は光り輝いて見えた。くせのない栗色の髪は一部が結い上げられ、一部は腰にまで垂れている。さらさらと音が聞こえてきそうだった。

澄んだエメラルドグリーンの目は長い睫毛に縁取られ、淡い影が落ちている。小さな鼻は摘まんだように可愛らしい。

紅水晶色の唇は緊張しているのか閉ざされていたが、その様子がまた初々しく、微笑ましく見えてしまう。

その清らかさに息を呑んで見惚れている間に、その令嬢――ミリアムが、ローザリンデとヴァルターの前に立った。

「……っ」

ローザリンデは我に返って声を掛けた。

「ミリアム様、来てくれたのですね」

貴族社会では身分の高い者から低い者に先に声を掛ける。そんな常識すら束の間だが頭から飛んでいた。

これがヒロイン力かと思い知る。老若男女を問わず魅了してしまう。

以前二人でお茶をした時にも可愛さと美しさ、双方を兼ね備えた美女だとは感じていたが、今ほどのオーラはなかったように思う。

――つまり。

ローザリンデを認め、微笑みを浮かべたミリアムを見つめる。

「物語が……始まったのね」

「えっ、なんとおっしゃいましたか？」

「ごめんなさい。なんでもないわ。ヴァルター様、こちらはブラウンシュヴァイク伯爵令嬢、ミリアム様です。あら、ミリアム様、こちらの素敵な男性はどなたかしら？」

ミリアムはおずおずと口を開いた。

「その……父方の従兄《いとこ》のアロイスです。初めはお父様にエスコートしてもらうつもりだったのですが、腰を痛めてしまったので代役になってもらって」

「ははは、可愛い従妹《いとこ》の社交界デビューですからね」

本人は抑制しているつもりなのだろうが、従兄もミリアムへの恋心を抑え切れていない。視線はことあるごとに彼女に向けられ、目が合おうものならたちまち表情が歓喜に染まる。

エスコートするパートナーがいるにもかかわらず、視線を吸い寄せられている男も多くいた。

恐る恐る隣のヴァルターを見上げる。

ロイヤルブルーの眼差しはミリアム一人に向けられている。一瞬たりとも逸らそうともせず食い入るように見つめていた。

これまでどれほど若かろうと、美しかろうと、賢く話し上手だろうと、彼が他の女に心奪われたことはなかったのに。

心臓をギュッと握り潰されたように痛む。だが、安堵したのも確かだった。

恐らくヴァルターもミリアムに一目で恋に落ちた。なら、あとはミリアムがヴァルターを選んでくれさえすればいい。トゥルーエンドに持っていけば確実に彼の命は助かる。

しかし、いくらメインヒーローだとはいえ、攻略対象はヴァルターだけではない。どうかミリアムもヴァルターを好きになってくれと祈っていると、ヴァルターが視線をそのままに口を開いた。

「ブラウンシュヴァイク伯爵令嬢だったな。以前、我が妃《きさき》を助けたと聞いた」

「そんな、滅相もございません」

ミリアムは遠慮がちにドレスの裾を摘まんだ。控えめな仕草がまた可愛らしい。

「私こそ妃殿下とお話ができたので、光栄でございました」

「私からも礼をしたい。何か望むものはないか」

ミリアムはゆっくりと顔を上げ、勇気を振り絞ったように申し出た。

「では……その……ダンスを一曲踊っていただけないでしょうか」

大胆な一言に周囲にざわめきが戻る。

宮廷のマナーではダンスは男が誘い、女が受ける。女が誘うのは、はしたない行為だとされていたからだ。

特に招待客の女からは非難の声が上がった。

「よりによって王太子殿下をお誘いするなんて」

「一体どんな教育を受けてきたのかしら」

ミリアムにももちろん聞こえていただろう。だが、声をワントーン落として身の上を語った。

「その……私は幼い頃は病弱で、長年ベッドに伏せっており、社交界デビューも遅れに遅れ今日となってしまいました。……そんな中でたった一つの夢が憧れの王子様とダンスをすることでした」

哀れを誘う可愛らしい声だけに、より信憑性《しんぴょうせい》が感じられた。

「……今は幸いこうして起き上がれるようになりましたが、私の体はまたいつ、どうなるかわかりません。だから、初めて踊る人は憧れの殿下がいい。……もしかすると最後になるかもしれません。その夢を叶《かな》えてはいただけませんか」

悪口を言っていた貴婦人や令嬢たちが押し黙る。こんな涙を誘う理由にまでマナーだからと口出しをすれば、自分たちが悪者になると察したからだろう。

一方、男性陣は一様にミリアムに好意的だった。

「気の毒だな。あんなに美しい人なのに」

「そう言えば婚約者に病弱が理由で婚約破棄されたと聞いたな」

「今頃、元婚約者は悔しがっているだろうな」

皆ミリアムの願いを叶えてやれという雰囲気になっている。

今王太子妃の自分が動かなければ、ヴァルターに恥を掻かせてしまう。嫌だなどと我《わ》が儘《まま》を言えるはずがなかった。

「ヴァルター様」

ローザリンデは傷付いた心を抑えつつ声を掛けた。

「ミリアム様は私を助けてくれた方です。どうか一曲踊って差し上げてください」

「……」

言葉が終わらぬうちにヴァルターがすっとミリアムに手を差し伸べる。

「君の夢を叶えよう」

ローザリンデには聞き覚えのある一言だった。

まだヴァルタールートで恋が始まって中盤まで進んだところで、ミアが主人の令嬢の身代わりとして舞踏会に初めて出向くイベントがある。

彼女はお伽噺《とぎばなし》でしか聞いたことのない、煌びやかな世界に圧倒され、自分だけがみすぼらしいのではないかと尻込みする。だが、ヴァルターにダンスに誘われたことで、勇気を出して一歩を踏み出すのだ。

『いつか、王子様が迎えに来てくれるって夢を見ていたの』

ミアのそんな一言にヴァルターはこう答えた。

『なら、私が君の夢を叶えよう』

やはりミリアムはミアなのだと確信する。ゲームのニュルンベルク家のマルガレーテではなく、ブラウンシュヴァイク家のミリアムを演じているのは番狂わせの影響だろうか。

ミアはすでにヴァルターに好意を抱いているはずだ。なぜならここで二人が踊ることで、ヴァルタールートが確定するのだから。

ヴァルターとミリアムはともに大広間中央に向かうと、ワルツの演奏の開始に合わせ、抱き

合うように手を組んでステップを踏んだ。

たちまちざわめきに代わって感嘆の声が上がる。

ヴァルターは幼い頃からダンスを習い、舞踏会が開催されるたびに踊ってきたので、もはやその腕は名手の域に達している。

一方、ミリアムの動きはぎこちなく、まだ初心者に見えた。

だが、ヴァルターのリードがうまい。

二人は見つめ合い、時折微笑み合い、くるくると円を描いている。その姿はお伽噺の王子様とお姫様そのものだった。ヴァルターに向けられたミリアムの眼差しは、潤んでうっとりしていて恋する女にしか見えない。

「あの二人、すごくお似合いね。世界に自分たちしかいないって雰囲気よ」

「しっ、妃殿下に聞こえるわよ」

もちろん、ローザリンデの耳にもしっかり届いている。

だが、今更他人の陰口などどうでもよかった。

大広間から出て行こうとは思わなかった。一人で勝手に抜け出すのはマナー違反だし、ヴァルターが嫉妬深い妃をコントロールできていないと取られてしまう。

ヴァルターのためだと思えば耐えられる。

だから、ローザリンデは作り笑いを浮かべたまま、二人から目を逸らそうとしなかった。

舞踏会は二人のおかげで大盛況のうちに終わった。

「本当にお似合いだったな……」

その夜ローザリンデは溜め息とともにぽつりと呟くと、いつもより早くベッドに横になった。すぐに目を閉じて眠ったふりをする。

間もなく扉が二度叩かれ、ゆっくりと開けられ、ヴァルターが足を踏み入れた気配がした。歩き方や足音だけですぐに彼だと気付く。

「リンディ、眠っているのか」

ローザリンデは答えない。規則正しい呼吸を繰り返し、就寝中の演技を徹底した。

ヴァルターはとにかく顔色を読むのがうまく、ローザリンデの外面がどれだけよくても、たちまちその内面を見抜いてしまう。

だが、さすがに寝たふりまではわからないはずだ。

「……」

いつものように隣に横たわる気配がない。衣擦《きぬず》れの音がしたかと思うと、ベッドから遠ざかる足音が聞こえた。

ローザリンデにはヴァルターがどこに行くのかを知っていた。

今夜貴族の一部は王宮の客間に宿泊することになっている。もちろん、その中にはミリアムも含まれていた。

きっとイベントにあった夜のデートに向かうのだろう。ダンス中に今夜会おうと約束しているはずだ。

舞踏会のあと二人はひっそりと静まり返った庭園を散策し、最後に月明かりのもと、あの秘密の花園で口付けを交わす。

「……っ」

両手でシーツを握り締める。

「……ばよかった」

もっと早く思い出してさえいれば、愛された記憶がなければ、こんなに辛くならなかったのに。

涙が一滴、二滴と頬から零れ落ちる。

今夜は眠れそうにない。

ローザリンデはそろりと体を起こすとメイドを呼び、ガウンを羽織って一人あの秘密の花園に向かった。

花園には当然誰もいない。秋咲きの薔薇が咲いているばかりだった。

「……あなたたちはどんな時でも美しく咲いているのね」

自分もそうであらねばと頷き、涙を拭う。

「私も、悪役として華やかに散らなければ」

その夜は一睡もできずに花園で過ごし、日が昇りいくのを見守った。


番狂わせがあり何年か遅れたものの、ヴァルタールートのイベントは確実に進行している。

展開やセリフからローザリンデはそう確信していた。

トゥルーエンドに導くためにも、自分は恋の障害兼盛り上げ役を買って出る必要があった。

だが二人が結ばれた暁には、悪役らしく退場しなければならない。

ヴァルタールートのストーリーで、王太子の婚約者としてローザリンデが親しい令嬢、貴婦人を招いたお茶会を主催するエピソードがある。

ゲームのローザリンデはミアの言動や仕草に貴族育ちらしからぬものを感じ、正体を疑ってこのお茶会に招待する。ミアを試そうとしたのだ。

案の定、ミアはお茶会でのマナーのいくつかを知らず失敗してしまい、その点をローザリンデに非難され、恥を掻かされることになる。

これだけでも意地が悪いと腹が立つのに、ローザリンデは更にミアにお茶を浴びせかける。挙げ句、「このお茶会は貴族のためのもので、山から下りて来たばかりの猿のものではないわ」と吐き捨て、追い出してしまうのだ。

前世で「いくらなんでもひどくない？」と憤ったものだ。

まさか、自分がそのひどい女を演じる羽目になるとは。だが、ヴァルターが生き延びるためにもと気合いを入れる。

——お茶会は王宮のバルコニーで開催された。

庭園で一番大きな噴水を見下ろすことができ、眺めがいい。

秋の始まりの穏やかな日の光の降り注ぐ中、王太子妃にだけに許された薔薇柄のカップにお茶が注がれる。

「妃殿下が主催のお茶会は久しぶりですね」

「私、妃殿下が出されるお菓子がいつも楽しみなんです」

「あら、私もですよ」

皆それぞれ丸テーブルを囲み、茶菓子を摘まみつつ歓談を楽しんでいる。

ローザリンデも話に混じりつつ、ちらりと一つだけ空いた席に目を向けた。

開始から十五分が過ぎたのに、まだミリアムが来ていない。遅れるという連絡もなかったのだが。

　何かあったのかと心配していると、令嬢の一人が口を開いた。

「まだブラウンシュヴァイク伯爵令嬢はいらっしゃらないのね」

　全員が一斉に賛同する。

「ただのお茶会ではございません。王太子妃殿下が開催されているのですよ？　本来なら三十分前には到着し、待機していなければいけないはず」

「お茶会だけではございませんわ。こんなことを申し上げたくはないのですが、あの方はマナーをご存じないのでは？」

「それは私も感じておりましたわ。そもそも秋の舞踏会で――」

　皆が一斉にミリアムへの不満を訴え、最後にローザリンデに話を振った。

「ねえ、妃殿下もそう思われませんか？」

　確かにそうかもしれないが、本人のいないところで悪口はよくない――ついそう注意しようとして口を噤む。

　悪役令嬢なのにミリアムを庇《かば》ってどうするのか。この状況はお茶ぶっかけイベントにピッタリなのに。

　抵抗はあったが「そ、そうね……」と同意する。

「いくら寝込んでいたからと言って学ぶ機会はいくらでもあったはず。貴族令嬢として怠慢だとしか思えませんわ」

「でしょう!」

また全員が一斉に同意する。

ローザリンデは負の一体感を実感するのと同時に、ミリアムの女性陣からの嫌われぶりに驚いた。

全員舞踏会で初めて会っただけなのに、何をそこまで嫌っているのか。

その理由は続く会話で間もなく判明することになる。

「なのにアルノルトが……私の婚約者が最近あの女のことばかり話して」

「私の婚約者もよ。男は教養のない女の方が好きなのかしら?」

「あんな女に鼻の下を伸ばして、年が明け次第結婚式なのに」

どうやらミリアムはヴァルターだけではなく、会場にいた男を片端から魅了してしまったようだ。攻略対象だけではなかったのかと恐れ入る。

なお、あの舞踏会には兄のアレクシスも出席していた。何かと忙しくて会えずに確かめられなかったが、やはり彼女に一目惚れしているのだろうかと気になる。

ひたすらヴァルターを助けたい一心だったとはいえ、兄からミリアムを奪ったようなものなので、罪悪感で胸がズキズキと痛んだ。

もっともアレクシスの場合、ミアと結ばれないバッドエンドに終わっても死ぬことはない。宮廷でワーカホリックと化し、仕事に邁進《まいしん》する独り身人生に終わる。

「……」

気付いた途端背筋に冷や汗がどっと流れ落ちる。

今までヴァルターのことばかり考えてきたが、このままでは非常にまずい。アレクシスにミアと同じレベルまでは行かなくとも、気立てのいい令嬢との縁談をセッティングし、その後の人生を償う必要がある。

頭をフル回転させるローザリンデをよそに、令嬢たちはギリリとハンカチを噛み締めそうな勢いで、ひたすらミリアムをこき下ろしていた。

「あんな誰にでも色目を使う女、社交界には相応しくありませんわ」

「妃殿下、あんな女は二度と招待しないでくださいませんか」

「い、いやそれは……」

どう対応したものかと困っていると、途中、視線を感じたので何気なく振り返る。

メイドが茶菓子のお代わりを持ってきたのかと思った。しかし、背後に佇んでいたのがミリアムだったのでぎょっとする。

「ミリアム様……」

全員が目を見開いてローザリンデの視線を追う。

しかし、そこはさすが生まれも育ちも貴族令嬢。すぐに「あら、いらっしゃい」と微笑みを浮かべた。

「本日もよいお天気ですわね」

「皆待っていましたわ」

「……」

ミリアムの表情は少々青ざめている。先ほどの悪口を聞いていたに違いなかった。きっと傷付いているに違いない。

ローザリンデはひとまずこの場を取り繕おうとして、「いらっしゃいませ。どうぞお座りください」と声を掛けた。

「ミリアム様のお席は私の隣です。ささ、どうぞ」

「……はい。ありがとうございます」

ミリアムが腰を下ろすなり、向かいの席の令嬢がちらりと横目で見て、しきりに何か促そうとしている。

だが、ミリアムはわけがわからないようだ。

「あ、あの……一体なんでしょう」

ミリアムが一向に察しないので、声が少々苛立たしげになった。

「遅れた理由を王太子妃殿下に申し上げなければならないでしょう」

ミリアムははっとしてローザリンデに頭を下げた。

「あっ……。申し訳ございません。馬車が途中で立ち往生したんです。途中で人身事故があったみたいで」

「まあ、そうだったんですか。気にしないでくださいね。事故に遭われた方も無事だといいのですが」

しまった、また素で慰めてしまったと慌てる。これではイベントにならない。

コホンと咳払《せきばら》いをして仕切り直す。

「ミリアム様、まず遅れた謝罪をしなければ。理由はそれからですよ」

「もっ……申し訳ございません」

ミリアムはひたすら恐縮している。

会社で新人いじめをするお局《つぼね》になった気分だった。やはり誰かを虐げるのは性に合わない。

またも罪悪感で心臓がズキズキと痛む。

「とにかく、あらためてお茶会を始めましょうか」

お茶が飲み干されたタイミングを見計らい、メイドが訪れカップを取り替え、新たなお茶を注ぐ。

ミリアムは早速お茶を飲もうとして、また別の令嬢に止められていた。

「王太子妃殿下が口を付けられてからよ」

ローザリンデは今しかないとゴクリと息を呑んだ。今こそミリアムにお茶を掛けるのだ。

『このお茶会は貴族のためのもので、山から下りて来たばかりの猿のものではないわ』

あのセリフを言い放たなければならない。ならないのだが――。

「……」

また湯気の立つ赤い水面に目を落とす。

入れたばかりなのでまだ熱い。ミリアムが火傷《やけど》してしまう。

カップを持ったまましばらく躊躇する。

「妃殿下、どうなさいました？」

「オ、オホホ、いい香りだなと思ったのよ」

なんとかタイミングを掴もうとしていると、顔の近くに何やらブーンと羽音を立て、小さな黒い影が飛んできたので目を見開いた。

蜂《はち》だ。

驚いてカップを手にしたまま立ち上がる。

「きゃっ！」

後ろに仰け反った拍子にカップが手から落ち、ミリアムの頭からお茶がかかってしまった。

「ミリアム様⁉……誰か！」

悲鳴を上げてメイドを呼ぶ。

「ごっ、ごめんなさい！　大丈夫ですか？」

「……」

ミリアムは何も言わない。頬に零れ落ちるお茶を手で拭うと、「……大丈夫です」と一言だけ返した。

「本当にごめんなさい。すぐに宮廷医を呼びます。着替えも用意しないと」

「……いいえ、結構です。自分できるので、どこかお部屋だけ貸していただければ」

そういうわけにはいかない。

「いけません。どうかまず手当てをしてください」

「……本当に大丈夫ですから」

ミリアムは濡れたまま腰を上げると、その場でローザリンデを含めた令嬢たちをぐるりと見回し、無言で一礼して身を翻した。

コツコツとヒールの音が響く。

その背が王宮内に消えるのと同時に、令嬢たちが「さすが妃殿下ですわ」とローザリンデを褒《ほ》め称《たた》えた。

「あの山猿をうまく追い払いましたね」

「まったく、一から十まで無礼な女でしたわ」

「妃殿下だからこれくらいで済ませてもらえたのよ」

しかし、ローザリンデは気が気ではない。お茶は冷めかけていたものの、火傷していないとは限らない。

歓談中花を摘みに行くと誤魔化《ごまか》し、密かにミリアムのあとを追った。

だが、曲がり角を曲がったところで、はっとして足を止めて身を隠す。

ミリアムが廊下の途中で立ち止まり、何者かと言葉を交わしていたからだ。

「ヴァルター様……」

今日予定されていた会議が終わったばかりなのだろう。体調不良を理由に病欠した国王の代理として出席していたはず。

漆黒の平服を身に纏ったヴァルターは、ただその場に佇んでいるだけで冷徹な存在感があった。

その装いを見てはっとする。

ヴァルタールートでミアがお茶を掛けられたあと、涙を堪えながら廊下を駆けていくシーンがある。そのまま帰ろうとしたのだが、途中、ヴァルターに出くわし引き止められる。

そして――。


「一体何があった。なぜそんな格好をしている」

ヴァルターがミリアムに尋ねる。

「それは……」

ミリアムは躊躇していたが、一瞬顔を伏せたかと思うと、「殿下っ……」と小さく叫んでヴァルターに抱き付いた。

「私……私っ……何か悪いことをしてしまったのでしょうか？　妃殿下にお茶を掛けられて……」

エメラルドグリーンの目は涙で潤んで、男であれば慰められずにはいられない、魅惑的な可愛らしさがあった。

「……っ」

ローザリンデはそれ以上見ていられずに身を翻した。

このあとミリアムがローザリンデに嫌がらせをされたと打ち明け、ヴァルターはそんなミリアムを慰め、二人の仲が一層深まることになる。

「……私、何をやっているんだろう」

バルコニーに続く出入り口前まで来たところで、立ち止まり、ぽつりと呟く。

「ううん、ちゃんとうまくいったじゃない」

無事悪役らしく振る舞えたのだ。この調子だと自分を勇気付ける。

きっと今夜ヴァルターは寝室に来ない。この時点からローザリンデに愛想を尽かし、次第に会う機会や時間を減らしていくはずだった。

ところが――。


その夜ローザリンデは一人ベッドに横たわっていた。

今夜は三日月のはずだが、雲がかかっているのか月明かりは見えない。壁掛けの燭台の灯《あか》りだけではぼんやりと頼りないが、眠るにはちょうどいいのかもしれなかった。

しかし、先ほどから目は冴《さ》えたままで、寝返りを打つばかりだ。

昼間ミリアムがヴァルターに抱き付くのを目撃し、その光景が焼き付いたからだけではない。

王太子夫妻専用のベッドは天蓋付きで、二人どころか十人一緒に寝てもまだ余裕がありそうだ。それだけに一人きりで寝ると寂しさが募った。

酒を飲めば寝られるかもしれないと、ベルを鳴らしてメイドを呼び、ブランデーとグラスを持ってきてもらう。

「妃殿下、お酒は弱いと伺いましたが大丈夫でしょうか？」

「ええ。今夜はこれくらい強い方がいいの」

一口、二口飲んだだけで喉と胃、顔に火が点《つ》いた気がした。更に頭がくらくらして視界が揺れる。

「けっ……結構強いのね」

「お水を飲まれてはいかがでしょう」

「ううん、いいわ。おかげでよく眠れそう。ありがとう」

メイドの背を見送り、再びベッドに横たわる。

瞼を閉じると今日の出来事が次々と脳裏を過っていった。やはりミリアムがヴァルターの胸に飛び込んだあのシーンが繰り返されてしまう。

「……我慢しなきゃ」

近い将来突き付けられるであろう、離婚に備えなければならない。これくらいでめげていてはいけない。

「離婚したら展開から考えて投獄されるのよね。本くらいは持ち込んでも許されるかしら」

いいや、本などなくともいいかと苦笑する。六歳からずっとヴァルターと同じ時を過ごしてきたのだ。記憶の本棚に数え切れないほどの思い出のアルバムがある。

ワンシーンワンシーンを回顧するだけでもきっと幸せだ。

「うん、私は大丈夫」

そう自分に言い聞かせると心が落ち着き、ようやくうとうととしてくる。

その頃には判断力が曖昧になっていたので、扉が開けられる音がした時には、夢の中の出来事ではないかと勘違いした。

「……ん、誰？」

長身痩躯の人影に首を傾げる。

「私だ」

低く掠れた、大好きな声だった。

「……ヴァルター様？」

ベッドに腰を下ろしたのか、ギシリと軋んだ音が聞こえる。

「……どうしてここにいるの？」

形のいい銀色の眉がわずかに歪められる。

「私と君は夫婦だろう」

ローザリンデはぼんやりとした目でヴァルターを見上げた。

そうか。これは夢の中の出来事かと頷く。夢ならヴァルターが来てくれてもおかしくないし、何をしても何を言ってもいいはずだった。

「……嬉しい。嫌われたと思っていたから」

「私が君を？　なぜだ」

「だって……」

言葉の代わりに腕を上げると、ヴァルターがそっとその手を取ってくれた。

「舞踏会でミリアム様ばかり見ていたから……」

ヴァルターが抜け目なく目を光らせる。

「ああ、どこかで見た顔だったからな」

「どこかで見た顔？」

秘密の花園での出会いは自分が奪ってしまっている。だから、ヴァルターとミアことミリアムは出会ってないはずなのだが。

ヴァルターは小さく頷き話を打ち切った。

「まだ確信はない。わかり次第、君にも伝える」

ヴァルターは何を考えているのか、相変わらずローザリンデにその心のうちは読めない。

そうか。だから不安が募るのかと納得し、勢いに任せて日中の茶会での出来事を告白した。

「それに私……ミリアム様にあんなひどいことをしてしまったもの」

「ひどいこととは茶がかかったことか」

怒った様子はなく、頭を撫でてすらくれる。

「……もう知っていたの？」

「あれは事故だろう」

「……」

ローザリンデの認識では事故だとは言い切れなかった。計画ではミリアムを意図的に傷付けようとしていたのだから。

ミリアムは熱かっただろう。虐《いじ》められて悲しかっただろう。

「……謝りたい」

だが、悪役が謝罪などしてはいけない。そう思うと罪悪感に目の奥から涙が込み上げてきた。

ヴァルターがそっと赤い巻き毛に手を埋める。

「大丈夫だ。君の代わりに私が謝っておいた。怪我もなかったから安心していい」

ミリアムは随分驚いた顔をしていたと語る。王太子が謝るなど考えてもいなかったのだろうか。

「……どうして」

「私と君は夫婦だからと言っただろう」

夫婦なら義務と責任も共有すべきだとヴァルターは告げた。

「……ううん、違う。そうじゃない」

ローザリンデにはどうしてもわからないことがあった。

「……どうして、私を責めないの」

ミリアムを傷付けたのに、なぜ怒ろうとしないのか。

ヴァルターが呆れたように首を傾げる。

「君は昔から虫一匹殺せなかっただろう。事故だとしか考えられない」

それどころかと言葉を続ける。

「可哀想だからと薔薇一本手折ることすら嫌がった。だから私は君に花束を贈れなかったのを忘れたのか」

「……そう、でしたっけ？」

「ああ、そうだ」

さすが夢の中だと感心する。

願望が都合よく反映されているのだろうか。ヴァルターに嫌われてはいないし、ミリアムを虐めたとも捉えられていないし、それどころか虫一匹殺せない、優しい妻だと認識されているようだ。

「……夢なら、いいわよね」

ふと微笑んで「……来て」と囁く。

「……ヴァルター様を……感じたい」

抱かれたわけでもないのに、もう体が火照っている。視界も情交の熱に浮かされた時のように曖昧になっていた。

「ローザリンデ……」

衣擦れの音がしたかと思うと、覆《おお》い被《かぶ》さられ、そっと柔らかく熱いもので唇を塞がれた。

「……ん」

睫毛が触れる距離にある青い瞳の奥に、情欲の炎が点《とも》り、たちまち燃え上がる。

「私を求めてくれて嬉しいよ。いつも私からばかりだったから」

「……それは」

確かに自分から誘えたことはない。

ヴァルターに執拗《しつよう》に愛されずぶずぶと溺れ、離れられなくなってしまうのを恐れていたから

だ。

「理由などどうでもいい」

レースの寝間着越しに乳房を撫でられ、肩がびくりと跳ねる。指先にを力込められると、柔らかな肉に爪先が食い込んだ。その痛みすら快感に変換され、ヴァルターを待ち焦がれていた体の奥に火を点ける。

「私は君だけを愛している。世界中で君だけだ。だから、二度と私から離れようなどと考えるな」

潤んだ唇の輪郭を舌でなぞられると、早くほしいとばかりに唇が開いてしまう。すかさずその狭間を埋めるかのように唇を押し付けられ、ふうっと熱い吐息を吹き込まれると、もう頭がクラクラした。

「ん……ふ……あっ」

前触れのない愛撫《あいぶ》に細く白い足が軽く跳ねる。

ヴァルターの手がスカート部分を捲《めく》り上げ、足の狭間に滑り込んだのだ。

「まだ触れただけなのに、随分と濡れている」

「……っ」

愛されたいと願う女体はすでに蜜を分泌し、ヴァルターを誘い込もうと潤っている。

抱かれたいと望んだからだとわかっていたが、指摘されるとやはり羞恥心で顔を覆ってしまった。

「そんなこと……言わないでください」

だが、ヴァルターが止めるはずもない。二本の指先で蜜に濡れた秘所を掻《か》き回し、うち一本をズブズブと音を立てて沈み込ませる。

「あ……あああっ」

細い背が弓なりに仰け反る。琥珀色の瞳に涙が溜まった。

まだ指を入れられただけなのに、アルコールが媚薬《びやく》となっているのか、快感が熱と化して全身に広がる。

とろとろになった内壁を不意に掻かれると、雷に打たれるのにも似た痺《しび》れが手足の爪先にまで走った。

「あぁんっ……」

「君は裸身でも何かを身に纏《まと》っていても美しい」

視界に火花が散って脳髄が痺れ、劣情の入り交じる賛美も耳に入らない。

強引にぐいと顎を掴まれ、無理矢理視線を合わされることで我に返り、またロイヤルブルーの双眸の奥に燃え盛る炎を目の当たりにしてしまう。

「この美しさを知るのは……私だけでいい」

言葉とともにヴァルターの腰がだらしなく開いた脚の中に割り込む。

「あっ……」

そこはすでに何度もヴァルターの肉の楔に貫かれていたが、まだきゅっと締まってその侵入に抵抗しようとする。

「――可愛いものだな」

次の瞬間、ズンと一息に貫かれ、衝撃に琥珀色の双眸が大きく見開かれた。

「ひ……あっ」

隘路が逃すまいとするかのようにまた収縮し、更に奥へ誘い込もうと内壁がひくつく。

「くっ……」

秀麗な美貌が快感に一瞬歪む。

「君の口とは違ってここは随分と欲張りだな」

「あっ……あっ……」

ヴァルターは息も絶え絶えなローザリンデの唇を奪い、先ほどとは逆に吐息をも奪った。

「ん……んんっ……！」

意識が遠のいていくのに体はヴァルターの責めに反応し、ビクビクと引き攣ってそのたびに我に返る。

「あ……ヴァルター様……熱い……」

弱々しく訴えると隘路を埋める肉の楔の質量が増した。

「当然だろう。君が今感じている熱は私の心だ」

「あっ……」

そのままぐぐっと最奥を抉られ、喉の奥から息が押し出される。ろくに呼吸ができずに苦しいのに、比例して快感も増していく。

「ローザリンデ、もっと啼いておくれ。君のその声だけが私を男にする」

男というよりは獣ではないか。それも、猛々《たけだけ》しく荒々しい、すべてを食らい尽くす狼《おおかみ》だ。

不意に腰を捕まれたかと思うと、前触れもなく抽挿のスピードが速く、激しくなった。

「あっ……ああっ……はぁんっ」

なよやかな肢体が上下に揺さぶられ、すらりとしたスカートのレースが絡み付く。

時折不意打ちで最奥を強く突かれると、足の爪先がピンと伸びて痙攣《けいれん》した。

「あっ……ああっ……い、いいいっ……」

繰り返し擦られる内壁が溶けてしまいそうだ。何かに縋り付こうとしたものの、もうシーツを掴む力すら残されていない。

激しく奪われ、同時に快感を与えられ、脳の神経がショートし、弾け飛んでしまいそうになる。

「ヴァ、ルター様……私……もうっ……」

ヴァルターが体勢を立て直し、ローザリンデの手の指にみずからのそれを絡める。

「あ……あっ……」

ヴァルターが肩を大きく震わせて間もなく、琥珀色の瞳が大きく見開かれた。

「あっ……」

中を焼き尽くさんばかりの熱を注ぎ込まれ、涙を浮かべながら身を限界まで仰け反らせる。

以後はヴァルターがなおも肉の楔を押し込もうとするのを感じることしかできなかった。


「う……ん」

頭がズキズキと痛いだけではなく、体が妙に火照って気だるい。風邪を引いたのだろうか。

まだ眠っていたかったが、日の光が眩しくてゆっくりと瞼を開ける。

妙に視界がキラキラしている。なぜだとまだぼんやりしている目を擦ってぎょっとした。

ヴァルターがシーツに肘を突き、ローザリンデを覗き込んでいたのだ。眩しかったのはヴァルターの銀髪が日光を反射していたからだった。

「ヴァッ、ヴァルター様？　どうしてこんなところに……」

ヴァルターの眼差しがいつもより心なしか優しく、唇の端も上がって笑ってすら見えた。

「昨日の君は特別に可愛かったよ、ローザリンデ」

「え、えっと……」

「毎夜あんな風に誘ってくれると嬉しいんだが」

その一言で昨夜の出来事が早送りで脳裏に再生される。

本人にとっては不幸なことに、ローザリンデはアルコールでは絡み酒、しかも記憶はしっかり残っているタイプだった。

だから、覚えがないと言いわけできない。十八年かけて作り上げた貴族令嬢としての外面も、ヴァルターの前だけでは通用しないのだ。何を考えていてもすぐに心を読まれてしまう。

「わ……私ったら……」

昨夜のおのれの醜態を思い出し、頬を押さえて真っ青になる。

一方、ヴァルターはいつになく機嫌がいい。微笑みが数分以上続いている。

「ヴァ、ヴァルター様、あれは……その……昨日お酒を飲んだからで……」

「ああ、君がブランデーを飲んでいたことは知っているよ」

キスして味ですぐにわかったという。

「だが、酒の勢いという言い訳はさせないよ。君は思いもしないことを口走らないとよく知っているからね」

ローザリンデは「グッドエンド到達計画」がガラガラと崩れ落ちる音を聞いた気がした。

＊＊＊

――何もかもがゲーム通りに進まない。

ローザリンデは心の中で愚痴りつつ愛馬に跨《また》がった。

「よしよし、エーデルシュタイン。今日はよろしくね」

今日は王侯貴族の社交の一つである野外騎乗会、略して外乗会だ。馬に乗りながら王家所有の郊外の森林を散策する。

必然的に参加者は乗馬できる者に限られることになるが、さすがは「ワイルドローズ・バイブル」のヒロイン、ミリアムは乗馬もできると聞いて感心した。

なお、父のオットーの姿もあった。年配の貴族たちのまとめ役になっているようだ。

それにしても、こんなイベントはゲームにはなかったはずだがと首を傾げる。

「リンディ」

背後から声を掛けられ振り返ると、同じく馬に跨がったヴァルターだった。

乗馬専用の上着が鍛え抜かれたしなやかな体躯《たいく》を、純白のズボンと漆黒のブーツが長い足を引き立てている。

ヴァルターの愛馬は白毛なので、まさしく白馬の王子様だった。

「馬に乗るのは久しぶりだろう」

「はい。でも、昨日慣らしておいたので大丈夫です」

ヴァルターと何気なく雑談している風を装って、外乗会のスタート地点、森の手前でたむろする参加者たちに目を向ける。

ミリアムが従兄をはじめとして、独身貴族や貴公子たちに取り囲まれている。困っているのか笑顔が少々引き攣って見えた。

あのまま男性たちに付き纏われていてはヴァルターと接触する機会もなくなる。そんな危機感を抱いて「ヴァルター様」と切り出した。

「ミリアム様が困っているようです。人払いをしてあげてくれませんか」

「ああ、確かに鬱陶しそうだな」

ヴァルターが「アレクシス」と名を呼ぶと、一体どこに控えていたのか、やはり馬に乗ったアレクシスが現れる。

こちらも赤毛に漆黒と純白の乗馬服がよく似合っていた。雄々しさと凛々《りり》しさならヴァルター以上だ。数少ない女性参加者たちがチラチラと熱い視線を送っている。

「ミリアム嬢を助けてやれ」

「かしこまりました」

アレクシスがミリアムに近付くと、王太子の側近だと皆知っているので、さっと馬を引き二人から離れた。

アレクシスがミリアムに話し掛けている。ミリアムは顔を伏せてはいたものの、それに答えて小さく頷いていた。

一方、ローザリンデは思い描いていた展開ではなかったので慌てた。同時に、これはアレクシスルートではないかとギクリとする。

アレクシスは人一倍乗馬が得意という設定なので、イベントにも何かと馬が関わってくるのだ。

しかし、アレクシスルートの分岐やストーリーについての記憶はぼんやりしている。ヴァルターが登場するシーンだけはよく覚えているのだが。

それもこれもヴァルター以外の攻略対象に興味がなかったからだ。

前世のおのれを呪いつつハラハラしていると、外乗会の開始時刻となり運営担当から案内があった。

「それではただ今より今年度の野外乗馬会を開催します。予定通り王太子殿下のグループ、アレクシス様のグループ、オットー様のグループに分かれて出発してください」

ミリアムはヴァルターのグループに入っていたはずだった。

ところが、ヴァルターはミリアムに「そのままアレクシスについていけ」と命じたのだ。

ミリアムが目を見開いて首を横に振る。

「で、ですが」

ローザリンデも同じ心境だった。

「ヴァルター様、人数に偏りが出るのでは……」

「一人、二人程度は問題ない。ミリアム嬢もアレクシスがいた方が安心できるだろう」

国王に次ぐ地位にある王太子の命令である。ローザリンデもこれ以上何も言えなかった。

「行くぞ」

「は、はい」

愛馬を促し森に足を踏み入れる。

貴婦人や令嬢たちが一斉に歓声を上げた。

「まあ、紅葉が美しいこと」

すでに八割方が紅葉している。夕日と同じオレンジもあれば、どこか落ち着きのある黄色もあり、秋の青空とのコントラストにローザリンデも溜め息が出た。

同時に隣からも呼吸音が聞こえる。ヴァルターが青い目を細めて紅葉を見上げていた。

同じものを見て同じように美しいと感じているのだと知って、胸の奥に小さな火が灯《とも》ったように温かくなる。

隣にヴァルターがいる――それだけで世界がより色鮮やかに、一層美しく見えた。

ヴァルターが紅葉からローザリンデに目を移す。

ロイヤルブルーの瞳には同じ温もりが宿っていた。

「君と結婚してから、薔薇だけではなく自然すべてが美しく見えるようになった」

「……そんな」

この一時《ひととき》が永遠に続けばいいと願ってしまう。

だが、二十分ほど紅葉狩りを楽しんだところで、ふと違和感を覚えて首を傾げた。

ところどころに紅葉するどころか葉がない枯れ木がある。また、数年前までは見かけなかった、木のない空き地らしき箇所も見受けられた。

この森での外乗会は五年ぶりだ。前回も王太子の婚約者ということで、まだ社交界デビューしていなかったが、ローザリンデも参加している。当時はこうした光景は見かけなかった。

ヴァルターも異変に気付き、時折馬を止めて観察している。

「森の木が減っているな」

「やっぱりそう……ですよね」

「私は十年前にもこの森での外乗会に参加しているが、木々の状況が次第に悪化している」

「えっ、そうなんですか」

ということは、すでに十年前から木々に何かあったということになる。

しかし、この森は直轄地で伐採は許されていない。管理人もおり衛兵の見回りもあるので、不届き者が入り込むのも難しいはず。

一体、なぜ木が枯れ、減っているのか見当もつかなかった。

女性の参加者たちは皆気にならないようで、皆おのおの散策を楽しんでいる。

「まあ、見て、兎《うさぎ》よ。なんて可愛いんでしょう」

十メートルほど先で枯れ草色の兎が足を止め、こちらをじっと見つめている。人間たちを警戒しているのだろう。

「おいで……あら、逃げちゃったわ」

「まあ、こっちにもいるわよ」

今度はつがいなのか二匹の兎が森の中を駆け抜けていく。

その先でも頻繁に兎を見かけ、皆飽き飽きするほどまでになった。

「ちょっと違う動物を見たいわよね」

「例えば？」

「そうね、鹿とか」

令嬢の一人が冗談でそう口にして間もなく、老木の根元に子鹿が蹲《うずくま》っていたので、さすがのローザリンデもぎょっとする。

いくらゲームの世界でもご都合主義過ぎないか。

令嬢たちがきゃあっと歓声を上げる。

「まあ、可愛い」

「撫でても大丈夫かしら？」

「母鹿はどうしたのかしら。迷子になったとか？」

馬を下り、怯えて立ち上がることすらできない子鹿に歩み寄る。

その手が伸ばされ、小さな頭に触れようとした次の瞬間、強く凛とした一声が森林に響き渡った。

「――触れてはなりません！」

他ならぬ王太子妃の制止に皆息を呑む。

駆け付けてきたローザリンデは、「よく聞いてください」と令嬢たちを見回した。

「この子は迷子ではありません。母鹿は近くで餌を取っているだけ。いずれ帰ってきます」

この子鹿は遅く産まれたのか、まだ体が小さく母鹿の保護と母乳が必要に見える。

「特に母鹿は警戒心が強く、子鹿に人間の匂いがつくと、育児放棄をすると言われています。可愛いのはわかりますが……命の危険に晒してしまうことになります。だから、どうか」

一気に言い切ると勢いに息を呑んでいた令嬢たちが、「まあ、そうだったのですか」と顔を見合わせた。

「私たち、全然知らなくて」

「知らなくて当然です。私もたまたま知ったことですから」

まさか前世で中学生だった頃、修学旅行先の奈良公園で、ツアーガイドに教えられたとは言えなかった。

令嬢たちが先へ行くのを見送り、子鹿に「ごめんなさいね」と頭を下げる。

そのまま馬で進んでいくと、ずっと様子をうかがっていたのだろう。追ってきたヴァルターが隣に並んだ。

「君はやはり優しいな」

「あはは……王宮図書室の動物図鑑を読んだだけです」

ここは笑って誤魔化すしかない。

「可愛いからつい撫でたくなっちゃうんですけどね」

馬に踏み締められてできた道を歩いていく。

それから十分ほどヴァルターとの間に会話はなかった。だが、まったく気まずさはない。

結婚前なら二人きりでいる時間の一分も無駄にすまいと喋り倒していたものだ。今は涼やかな秋風の吹く風の中に混じる、ヴァルターの眼差しと愛情を感じ取れる。

ヴァルターも同じ思いなのか口を開かなかった。

なのに、揃って声を上げる羽目になったのは、ローザリンデの愛馬の前に兎が跳びだしてきたからだ。

エーデルシュタインが驚いたのか、動きを止め甲高い嘶《いなな》きを上げる。

「きゃっ!」

両足を大きく前に振り上げ、ローザリンデの体も背後に傾いた。

「——ローザリンデ!」

ローザリンデはヴァルターの声を聞きながら、素早く手綱を引き、「どうどう!」と愛馬を宥めた。

「エーデルシュタイン、落ち着いて。兎が通り掛かっただけよ。いきなりだったからびっくりしたわね」

エーデルシュタインは暴れる寸前だったものの、主人の声に正気を取り戻したのかはっとして、両の前足で宙を掻いたのち地に着けて、ブルルと少々恥ずかしそうに鼻を鳴らした。

「まあ、いい子ね。ありがとう。もう大丈夫だから安心してね」

手入れの行き届いた鹿毛を優しく撫でてやる。

ヴァルターが珍しく焦ったように馬から下りる。

「ローザリンデ、大丈夫か」

「ええ」

「……心臓が止まるかと思った」

大げさなと笑い飛ばそうとして、隣に駆け寄ってきたヴァルターを見下ろし、心臓がドキリと鳴った。

ロイヤルブルーの瞳が真っ直ぐに向けられている。

その青に吸い込まれるように腰を屈めると、ヴァルターが片手を伸ばしてローザリンデの頬に触れた。

そよ風が駆け抜けるほんのわずかな間に口付けを交わす。

再び見つめ合い、また唇が近付き触れ合う直前、不意にローザリンデの脳裏に閃《ひらめ》くものがあった。

「あっ……そうよ。そういうことだったんだわ」

「リンディ?」

ローザリンデは打って変わって真剣な眼差しでヴァルターを見下ろした。

「ヴァルター様、木が枯れた理由がわかりました。……聞いてくれませんか」


それから一週間後の日曜日、ローザリンデは頭を抱えつつ馬車に乗り込んだ。

今日は個人的に寄付と支援を続けている教会付属の孤児院への訪問日だ。

しかし、先週の失態に落ち込み、できれば寝室に引き籠もっていたい心境だった。

——また、ヴァルタールートのイベントを横取りしてしまった。

王族専用の馬車が発車したのち、窓の外を流れる街並みを眺めながら溜め息を吐く。

外乗会後、なぜ木が枯れたのか、その推理をヴァルターに披露した。生態系が崩れかけているからで、人間——つまり自分たちが原因だと。

王侯貴族はやはり社交の一環として、あの森で狼狩り、狐《きつね》狩りを行っている。恐らく肉食獣を捕らえすぎたせいで天敵がいなくなり、鹿や兎などの草食動物が増え過ぎることになった。

結果、草食動物は草や木の実を食らい尽くし、限りある木々の皮や根を食らって枯らせ、木森がじわじわ消失していっている。

だが、まだ間に合う。生態系がバランスを取り戻すまで、過剰な狐狩り、狼狩りを中止すべきだと訴えた。

ヴァルターは早速ローザリンデの意見をもとに森の状況を調査させた。まもなくその正しさを認め、翌年からの狐狩り、狼狩りの行事を中止させている。

その過程がヴァルタールートのイベントの一つで、本来ならミアの役割だったとローザリンデが思い出したのは、すでにすべてが終わったあとのことだった。

ただし、公式ノベライズのおまけの番外編での出来事だったのだが。

ゲームのストーリーに集中するあまり、ノベライズやコミカライズのエピソードを失念していたのだ。

ちなみに、ミアは狐や狼が娯楽として殺されるのに耐えられず、ヴァルターに中止を訴え出ているので少々理由は異なっている。ヴァルターはそんなミアを「やはり君は優しいな」と評価していた。

いずれにせよ、狐狩り中止エピソードまで悪役の自分がかすめ取る形になってしまった。

ローザリンデは頬を押さえて現状を嘆いた。

「ああ……しかも、ヴァルター様ともっと仲良くなっちゃうし……」

ヴァルターがストーリー通りの行動を取らないのでそうなってしまう。

何をやってもミリアムとヴァルターの距離が一向に縮まらない。

そもそもヴァルターがヒロインとのイベントをことごとくスルーする。そして、なぜかローザリンデといい雰囲気になってしまうのだ。

ミリアムは天使を思わせる可愛らしい美貌とか弱さ、華奢《きゃしゃ》なのに出るべきところは出ているという、男の理想を具現化したような美女だ。実際、すでに数え切れない貴族の男や令息に求婚されていると聞いた。

ところが、ヴァルターは令嬢として丁重に扱いはするが、恋に落ちた様子はまったくなく淡々としている。

ローザリンデには毎夜愛を囁くのに。

「これからどうしよう……」

そう思い悩む間に馬車は目的地の孤児院前に到着した。

隣の教会を目にした途端、思わず声を上げる。

「あっ……ここの教会だったの」

前世の記憶を思い出し、今になって気付いた。

この孤児院は教会の付属施設だ。ゲーム内の回想シーンで出てきていた。

淡青色の何本もの尖塔《せんとう》に白い壁、ゴシック様式の母体の教会には、ミアが幼い頃週に一度通っていたはずだった。

「ここがミアの育った孤児院だったの……」

孤児院自体は数年前建て直されていたので、この教会がなければ気付かなかっただろう。

ずっと待っていたのだろう。馬車が停まり、御者が扉を開けるなり、早速修道院長が笑顔で迎えにやって来た。

「王太子妃殿下、お久しぶりです」

「丁寧な挨拶をありがとうございます、シスターテレサ。先日お誕生日だったそうですね。おめでとうございます。院長になられて長いのでしょうか？」

「ええ、もう二十年になりますね。何百人の子どもたちを拾い、育て、見送ってきました」

二十年と言うことは、ミアがいた頃にも重なる。

院長がローザリンデを案内しながら語る。

「数年前建て直され、現在はこのとおり改善されましたが、私が就任したばかりの頃はボロボロで、雨漏りがしていたんですよ」

「妃殿下のおかげです」と頭を下げる。

「ご自身の寄付だけではなく、貴族の皆様に援助を進言してくださったそうですね」

ローザリンデは令嬢時代から、亡き母方の祖父から一部相続した遺産の一部を使い、国内の有望な事業に投資して、その収益で重点的に孤児院を支援してきた。

オットーには「平民に金をやったところでなんになる」と眉を顰められてもだ。これだけは父に何を言われようと決して譲らなかった。

「滅相もございません。子どもたちはこの国の未来であり、宝ですから」

いいや、違うとローザリンデは思う。

今にして思えば、親のない子どもたちの境遇に胸が痛み、つい慈善事業に力を入れてしまったのは同情からではない。

前世の自分も親に捨てられた子どもだった。無意識のうちに多分に共感するところがあったのだろう。

また、今生でも家族としては父親に愛されていない。院長に感謝されるような立派な理由ではない。

ローザリンデの心境など知らぬ院長は、「ありがたいことです」とまた頭を下げた。

「おかげ様で引き取られなかった子どもたちも、孤児院を出た後ちゃんとした職に就くことができております」

孤児たちの年齢は赤ん坊から十二歳までと幅広い。うち、三、四割が養子に行くのだという。

「引き取られた子どもたちはどのような家へ行ったんでしょう？」

「ほとんどは子どものない平民か商人の家庭ですね。そうした家にはやはり乳児が人気です」

物心つかぬうちに引き取って商売のノウハウを仕込むのだとか。

「まれに貴族に引き取られることもございますが、この二十年でも数人しかいませんでしたね」

ローザリンデの心臓が大きく鳴った。

恐る恐る口を開く。

「その中にミアという子はいませんでしたか？　ピンクブロンドにエメラルドグリーンの瞳の、可愛い女の子です」

「そうそう、確かにミアもいましたよ！　ミアをご存知だったんですか？」

「あっ、はい。まあ、一応……」

院長は顔を輝かせて足を止めた。

「ミアは十二歳の頃ブラウンシュヴァイク伯閣下にお嬢様の侍女として引き取られたんです」

「ブラウンシュヴァイク伯に⁉」

ニュルンベルク伯ではなくブラウンシュヴァイク伯に引き取られていたとは。

つまり――。

「きっと元気でやっているんでしょうね。あの子から手紙は来なくなりましたが、勤め先や家庭に馴染んだ子どもにはよくあることですから」

ローザリンデはそんな院長をよそに、愕然としてその場に立ち尽くした。

ミアが一向に王宮に現れなかったのは、自分がイベントを横取りしたからではないとわかって息を呑む。

そもそも彼女はスタート地点に立っていなかったのだから、ストーリーが始まる以前の問題だったのだ。

# 第三章　ヴァルターとアレクシス

王太子夫妻をよく知る者は、夜遅くまで灯るランプの明かりを見て、王太子ヴァルターが妃のローザリンデを溺愛し、他の女に目もくれぬという噂が真実なのだと思い知らされることになる。

今夜もすでに深夜だというのに、まだ寝室はぼんやりしたオレンジ色に染まっている。カーテンの狭間から差し込む月光がその灯りに入り交じり、淫らに絡み合う二人を煌々《こうこう》と照らし出していた。

——満月に夜は特に身も心も滾《たぎ》るとヴァルターは思う。今まさにベッドに組み敷いている、女のすべてを食らい尽くしたくなる。

黄金に近い琥珀色の双眸が自分を見上げている。その大きな瞳は涙で潤んでいるが、悲しみからではない。繰り返し体を貫く快感に息も絶え絶えになっているからだ。

「ヴァルター様……もう……私、限界で……」

口紅など塗らなくとも、ほのかな薔薇色に染まった唇が甘い、高い、掠れた声を吐いた。

聞き分けのない妻に優しく言い聞かせてやる。

「可愛いローザリンデ、君のここが私を放そうとしないんだよ。ほら、もっとほしいと訴えている」

実際、ローザリンデの内壁はおのれの雄の証を咥え込み、更に奥へ、奥へと誘おうとしている。

「あぁンっ」

「私は君の望みはできる限り叶えてやりたいんだ」

言葉とともに腰をぐぐっと押し込むと、薄闇にぼんやり浮かんだ白い体が弓なりに仰け反り、豊かな対の乳房がふるふると不規則に揺れた。その先端は何度もしゃぶられ、吸われ、嬲られたせいで赤く腫れ、淫らにピンと立っている。

「あ……あっ」

シーツの上に散った真紅の巻き毛がまた乱れる。

「ヴァルターさまの……意地悪……ああっ」

ヴァルターはその一房を指に巻き付け、そっと口付け、薔薇の香りがすると微笑んだ。

「リンディ、君はいつも薔薇の香りがする」

この香りなしに生きていくことなどもはや考えられない。

髪の一筋から足の爪先まで、ローザリンデのすべてをヴァルターは愛していた。

「私との別れ以外はすべて叶えてやろう。可愛い、可愛い私だけの薔薇……」

唯一気に入らないのは近頃何かと別れようと持ち掛けてくるところか。

だが、ヴァルターにまったくそんな気はない。この世で愛せる女は──人間はローザリンデしかおらず、彼女を愛し愛されたことで現在の自分がいるからだ。

だから、決して手放さないとローザリンデを愛したその日に決めていた。

＊＊＊

──昔々、ある王国で残酷な実験を行った王がいた。

王は百人の捨て子の赤ん坊を集め、一室に隔離して育てることにした。赤子たちの世話をする乳母たちにはこう命じたのだという。

『赤子と目を合わせてはいけない、笑いかけてもいけない、語りかけてもいけない』

つまり、衣食住は不自由させないが、一切の愛情を与えるなと。

結果は惨憺《さんたん》たるものだった。

九十人が三歳までに衰弱死し、九人が十二歳までに精神異常をきたし、唯一生き延びたたった一人は、笑いも泣きもしない、冷酷無比な少年に成長した。

その少年はやがて暗殺術を仕込まれ、王の意のままに敵を屠《ほふ》るようになった。王はいい道具を手に入れたとご満悦だったそうだ。

だが、愛し愛することも世間も知らず、それゆえに倫理観も優先順位もなかった少年は、ある日ふとした興味から王を嬲《なぶ》り殺《ごろ》しにしてしまった。

『お前には忠誠心がないのか！　私は誰よりも尊く高貴な王なんだぞ！　お前とは違って青い血が流れているんだ！』

王はそう喚《わめ》いて少年を止めようとしたが、そもそも少年には心がなかったので、なんの躊躇もなく王を切り刻んだという話だ。

その後少年は「王の血の色は青い、青いとさんざん聞いていたが、俺と同じ赤でしかないじゃないか」と呆れたのだとか。

幼かったヴァルターはこの物語を読んで、この赤子が王族に生まれていれば、きっと自分のようになっていたのだろうと感じたものだ。

それほど彼は誰にも愛されずに育っていた。むしろ邪魔者扱いされていたのだ。

なぜなら、両親には双方に結婚前からの愛人がいた。しかし、政略結婚に本人の意思など関係ない。周囲は無理矢理二人を結婚させた。

結果三年後に自分が生まれ、その後両親は「義務は果たした」と、さっさと別居してしまった。だが、周囲はそうは思っていなかった。

母の王妃ゾフィーは従者という名目で、自分の愛人を常にそばに侍《はべ》らせていたからだ。「あの王子は本当に王の子か」と、皆がヴァルターに疑惑の目を向けた。

ヴァルターが母親のゾフィー似で、十歳頃までは同じ亜麻色の髪と水色の瞳をしており、父王と似たところが少しもなかったところも、愛人の種ではないのではと疑われた理由だった。

一方で、この期間に父王は愛妾との間に庶子を設けている。

ロイトリンゲン王国では結婚が絶対視されており、正妻との間に生まれた子でなければ相続権はない。庶子はどれだけ愛した女との子であっても認められない。そうでなければヴァルターはとうの昔に廃嫡されていただろう。

なお、ゾフィーはヴァルターが王の子だと主張したが、それは我が子を愛していたからではなく、自分の立場を守るためだけだった。ヴァルターへの態度から本人も誰の子かわかっていなかったと思われる。

ヴァルターは賢かったばかりに、自分が幼くして置かれた立場をよく知っていた。

皆疑惑の王子に関わりたくなどなかったのだろう。父も、乳母も、生みの母のゾフィーですら一見丁重に扱いはするものの、皆ヴァルターを遠巻きにした。

ヴァルターが子どもなので、何もわからないと侮ったのだろう。宮廷に出入りする貴族や貴婦人、令嬢たちは本人がいようと口さがなく陰口を叩いた。

「国王は殿下を廃嫡されるおつもりだって噂よ。心の病を理由にすると聞いたわ」

「ああ、ならうまくいきそうじゃない？　殿下は綺麗なお子様だけどちょっと不気味なところがあるじゃない」

「確かに。ほとんどお話しにならないし、何を考えているのかわからないものね。心の病とは上手く考えたわ」

事実、ゾフィーも王家の分家の血を引いているので、身分上廃妃や離縁にはできないが、疑惑の子であるヴァルターだけでも廃嫡しようという動きがあった。

特に父王の弟、王弟ヘンリックが熱心だった。宮廷医を買収して心の病だとの診断書をねつ造させ、有力貴族たちの多数決を盾に国王に廃嫡を迫ろうとしたのだ。

うまくいけば次代の王位が転がり込んでくるとの野望に火が点いたのだろう。女癖が悪く、遊び好きな兄王より能力があるとの自負もあったに違いない。

ヘンリックはやがて王宮でヴァルターにすれ違っても、礼儀としての挨拶すらしなくなった。

「ヘンリック殿下、王太子殿下によろしいのですか？」

「どうせもうすぐ王太子ではなくなるガキだ。それに噂を広めるまでもなくあの王太子はでくの坊だ。あちらこそ挨拶もせずあのとおり突っ立っているだけだろう」

ヴァルターは当時六歳。王太子の地位をいただいているとはいえ、後ろ盾が弱い。陰謀はたやすく達成されるかと思われた。

しかし、愛されずに育った子どもはかつての暗殺者の少年と同じく、生き延びるためにどこまでも冷酷になれる強靭《きょうじん》な精神力と知能の持ち主だった。彼は叔父を排除しようと決め、淡々とその作戦を実行した。

当時ロイトリンゲン王国は国境線の位置を巡って、隣国アーレン王国と年ごとに戦争を繰り返していた。そのため国民のアーレン王国への国民感情は悪く、敵国だとの認識が共有されていた。

そして、ヘンリックは中央騎士団に所属する王族軍人でもあり、団長として騎士団を率いてこの戦争に出征し、国境線をロイトリンゲン王国に有利なところにまで持ってきていた。

しかし、ヘンリックには目的のためには手段を問わず、一定の犠牲もやむを得ないとするところがあった。

軍事基地を設置するため、村一つを潰したこともあったのだとか。抗議する村長はその場で切り捨てたのだという。

軍人としては当然の理屈であっても、犠牲になった側からすれば仇《かたき》でしかない。その急所を狙った。

ヴァルターは子どもだからと侮られているのを利用し、騎士団本部と大蔵大臣のもとに出入りし、機密文書から国家予算と戦費を照らし合わせた。そこで、一部数字が合致しない箇所を発見し、証拠資料として抜き出した。

軍事費とは大概予算超過になる。そのために、ズレが生じることは珍しくない。だが、その年のズレは例年の三倍に上っていた。

こうした場合、後日数字を内密に調整し、辻褄《つじつま》を合わせることが大蔵大臣と騎士団との間で習慣化している。当時戦争はそうでもしなければ成り立たなかった。

しかし、この年にはすでに国境線は確定しており、これ以上戦争が必要なくなっていた。だから、躊躇いなく計画を実行に移したのだ。

ヴァルターは匿名でヘンリックの部下数人に、その証拠資料の写しを送った。

その中に一人平民からの叩《たた》き上げで、まさにおのれの能力一本で成り上がっている騎士がいた。

彼は若い頃ヘンリックに故郷の村を基地として接収されたと聞いていた。更にその直後に年の離れた姉がみずから命を絶ったと聞いている。騎士団の団員に何かされたのではないかと思われた。

——王弟ヘンリックが複数の部下から公金横領の罪で訴えられ、その規模から王族だからと免罪にならずに裁かれることになったのは、証拠資料を送りつけてから数ヶ月後のこと。

当然、ヘンリックは長年の慣例だと訴えた。しかし、戦費だからと税金を搾り取られ、親兄弟を徴兵されていた国民が納得するはずがない。

あわや暴動にまで発展しそうになったので、結局国王はヘンリックを罰するために更迭《こうてつ》し、団長位と王位継承権を剥奪《はくだつ》せざるを得なかった。

最終的にはろくな産業もない、貧しい辺境の伯爵位を与えられた。ほとんどの地位と名誉を奪われ追放同然だった。

その後王都暮らしに慣れた若い妻に嫌がられて見捨てられ、民衆からも忘れ去られて過ごした挙げ句に、ある日食中毒で呆気《あっけ》なく亡くなっている。遺体は王都にある代々の王族の霊廟《れいびょう》ではなく、そのまま辺境の地に葬られて終わった。

なお、ヘンリックが去ったのち、騎士団長には例の騎士が昇格した。

ヴァルターはヘンリックの失脚劇の黒幕が、八歳の自分なのだと明かすつもりはなかった。明かしたところで誰も信じもしないだろうと考えていたからだ。

ところが——。

ある日いつものようにヴァルターが一人黙々と勉強していると、扉が叩かれ、謁見の申し込みがあったと告げられた。

ヘンリックの罪を暴いた褒美として、伯爵位を与えられ、騎士団長となった騎士だった。

彼はヴァルターを目にするなり、その場に片膝を突いて胸に手を当てた。絨毯《じゅうたん》につかんばかりに深々と頭を下げる。

「王太子殿下、まことにありがとうございます。あなたのおかげで姉の敵を討つことができました」

彼はヴァルターが子どもだからと決して侮らなかった。

「よく僕だとわかったな」

「すべては推測に過ぎませんでしたが、ヘンリックに近いところにおり、あれだけの証拠資料を集め、私に贈ることができたのは殿下だけでしたから」

騎士の姉はやはり有無を言わさず故郷の村を接収されたのち、数日にわたってその部下たちの慰み者にされていた。なお、これらの所業はすべてヘンリック公認で、姉だけではなく何人もの娘が同じ目に遭ったという。

「申し上げたとおり姉だけではございません。畑は奪われ、森は焼かれ、馬も奪われ、すべてを無茶苦茶にされて……。私はあの時ヘンリックに復讐するためになら、この魂も売り飛ばしてやろうと決めたのです」

そのためにヘンリックの靴を舐めてでも騎士団に入団し、腕を磨いて成り上がり、腹心の部下を装って、積年の恨みを晴らすべくその時を待っていたのだと。

「少年だった私もあなたのような才覚があれば、もっと早く復讐できていたでしょうに」

そして、ヴァルターに生涯の忠誠を誓った。

「殿下、あなたこそ王座に相応しい」

かくしてヴァルターは一人目の臣下を得たが、まったく高揚した気分にはならなかった。

誰かに愛されたことも、愛したこともなかったので同情できない。大切な者を奪われる苦悩も想像しようがなかったからだ。

生き延びるためにヘンリックを排除した——それだけのことだった。


宮廷の風向きが変わってきたのはそれから数年後、ヴァルターが十歳になる頃のことだった。

成長するに従って母のゾフィー似だった亜麻色の髪から色が抜け、次第に厳冬の月光を思わせる銀に、対照的に水色だった瞳は濃くなり、深く冷たい湖を思わせるロイヤルブルーに変わっていったのだ。

顔立ちも少女と見紛いそうな美貌から徐々に少年らしくなり、その美貌は明らかにある人物の肖像画とそっくりになっていた。

「近頃の殿下は陛下に似て来られました」

「いいや、陛下というよりはあのお顔立ちは始祖王では……」

ある人物とはロイトリンゲン王国初代国王。偉大なる王朝の創始者であり、伝説化している人物だ。この始祖王の特徴は銀髪にロイヤルブルーの瞳で、王家に数世代に一人現れていた。

ここに来てヴァルターを陰で貶《おとし》め、関わるまいと避けてきた両親、乳母、貴族たちは手の平を返し、こぞってヴァルターに媚《こ》びを売るようになった。

「私は初めから陛下のお子だと思っていたんですよ」

「幼い頃は母親に似ているように見えるのはよくあることです」

同じ年頃の子どもの中でも学問、武術が群を抜いていたのもあるだろう。初代国王の再来だと褒め称えられさえした。

だが、ヴァルターはまったく心動かされることなく、むしろ注目されることに煩わしさすら覚えていた。

周囲の人間の顔は笑おうと泣こうとのっぺらぼうにしか見えなかったし、しきりに掛けられる声も多少やかましい雑音にしか聞こえなかった。

人間が人間に見えなかったからだろうか。その頃のヴァルターは花や鳥など、自然の中の生き物の方が好きだった。

中でも気に入っていたのが真紅の薔薇だ。

ある日偶然発見した秘密の花園に、大輪の花を付けていたその花木を目にした時、生まれて初めて何かを「美しい」と感じた。思わず手を伸ばして花弁に触れ、その柔らかな手触りに目を細めた。

以後、ヴァルターはたびたびこの花園にやってくることになる。

この花園でだけは一人ではあるが、微笑むことができた。

だが、王太子ともあろう者が孤高でいることは許されない。十一歳の誕生日を迎えたその日、国王に執務室に呼び出され、婚約者が内定したと一方的に告げられた。

「僕に婚約者ですか」

「ああ、そうだ。ヴァレンシュタイン公オットーの長女、ローザリンデだ。まれに見る美しい少女だそうだぞ」

と言われても、両親にすらなんの感情もないのだ。見ず知らずの少女に一片の興味もなかった。美しいと聞かされたところで、どうせのっぺらぼうにしか見えない。

頭を垂れ「かしこまりました」と承諾する。

「父上がそう決定したのであればそういたします」

ローザリンデの父親であるオットーの顔は知っていた。宮廷によく出入りし、父王にべったりだったからだ。遊び好きの父王に代わり、宰相として実権を握り、政務のほとんどを取り仕切っているとも。

「……」

厄介なことになりそうだと眉を顰《ひそ》める。

その娘を娶《めと》るとなれば、後ろ盾としては頼もしいように見えるが、将来娘が王子を産んだ際よからぬ思いを抱く可能性が高い。

孫がまだ幼く、判断力がないうちに父親である自分を廃す、あるいは暗殺して王位につけ、外戚として政治を操ろうとするのではないか。

恐らく先月、ローザリンデの兄、アレクシスが側近に内定したのも、オットーの差し金だろう。大方こちらの動向のスパイ役といったところかと予測する。

オットーもローザリンデもアレクシスも、自分が生き延びるには邪魔だ。ならば、ヘンリックと同じように排除しなければならない。

しかし、現状ではまだオットー派が牛耳る宮廷では、自分は不利な立場にある。この縁談を断ることはできない。

何せまだ子どもだからと公務すら任されていないのだから。排除するためには力を付け、味方を増やし、自分の派閥を作る必要があった。

今は雌伏の時だと心の中で頷く。

父王や母のゾフィーには端《はな》から期待していなかった。親としても政治の駒としてもなんの役にも立たないとわかっていたからだ。

息子が何を考えているのかなど、考えられもしないし考えようとも思わないのだろう。父王は上機嫌で「よしよし」と頷いた。

「来月その娘に会わせてやろう。きっと気に入るに違いない」

「取り計らい、ありがとうございます。それでは」

頭を垂れて自室に戻ろうと身を翻す。

脳裏にふと秘密の花園で愛でている真紅の薔薇の花が浮かぶ。あの薔薇以上に美しい人間などいるはずがないと、その時は疑ってすらいなかった。

ローザリンデとの顔合わせは、母のゾフィー主導で執り行われることになった。

といっても、あくまで非公式なので、お茶会という形になるらしい。出席者はゾフィーとヴァルター、ローザリンデとその乳母コンスタンツェだけだとのこと。

この頃のゾフィーは自分にとんと無関心な息子に危機感を覚え、今更何とか影響力を及ぼそうと躍起になっていた。

　お茶会開始の三十分前になると、いかにも母親らしく滾々《こんこん》と注意点を並べ立てる。

「ヴァルター、いいこと。ローザリンデはまだ六歳なのだから、年上のあなたがエスコートしてあげるのよ。それから……」

　それから、それからと話が次々と付け加わっていき終わる気配がない。

「かしこまりました、母上。ところで、もう五分前ですが、応接間に向かわなくてよろしいでしょうか」

「……！　そ、そうね。早く行きましょう」

　ヴァルターはゾフィー、侍女とともに廊下を歩きながら、途中何気なく日の光の差し込むアーチ型の窓を見上げた。

　外には春のどこまでも青い空が広がっている。その青を背景に白い小鳥がピチチ、ピチチと鳴きながら羽ばたいていた。

　小鳥は生まれながらに自由だ。その翼で世界の果てにまで飛んでいける。

　羨望を覚えて眺めるともなしに眺めていると、その影にもう一羽の小鳥の影が重なった。

「あっ……」

　小鳥はつがいで仲睦《むつ》まじく囀《さえず》り合い、時折重なるようにして空で踊っている。

「……っ」

不意に頭を抱え、叫び出したい衝動に襲われた。

小鳥にすら寄り添う片割れがいるのに。

――周りにはこんなにたくさん大人がいるのに、僕は世界でたった一人だ。

不意打ちで思い知らされた孤独は重すぎて息が止まり、足下の地面が抜け落ちた錯覚がした。

心がどこまでも深く暗い闇の中を落下していく。

「殿下、どうなさいましたか？」

ヴァルターが足を止めたのに気付き、侍女が不思議そうな顔で振り返る。

「……忘れ物をした。ローザリンデ嬢への贈り物だ」

「あら、なら私が取りに行っ」

「いいや、いい。まだ十分あるだろう」

侍女の返事も聞かずにその場から駆け出す。何かから逃げ出したのは生まれ初めてだった。

今までは心を閉ざすことで、孤独から自分を守ってきた。

なのに、あのなんの力もないちっぽけな小鳥に、自分にそっと寄り添ってくれる誰かは、一人もいないのだと思い知らされてしまったのだ。

無性にあの真紅の薔薇を見たかった。いつもその美しさで心慰めてくれた薔薇だ。

走って、走って、走って、息が切れるまで走って、生け垣で隠されていた秘密の花園へと続く扉を開ける。

あの薔薇はいつものように美しく凜として咲いていた。

ほっとして歩み寄り柔らかな花弁に手を伸ばす。

「やっぱりいつ見ても美しいな」

だが、当然だが薔薇は何も語ろうとはしない。

小鳥のつがいを見た時以上の寂しさに襲われ、ぐっと拳を握り締めた。

「……薔薇にはなんの罪もないじゃないか」

何を求めているのだと自分を嘲笑《あざわら》い、再び薔薇にそっと触れる。

――今更人間らしい感情など要らなかったのに。なら、これから人間はどう見えるのか。のっぺらぼうのままなのか、それとも――。

心掻き乱されていたその時、背後から「わあ……綺麗」と、鈴を鳴らしたような声が聞こえた。声の甘さ、高さからして子ども、少女のものだ。

「何者だ⁉」

振り返って息を吞む。

たった今触れた薔薇が望みを叶え、人の姿を取って現れたのかと思った。

それほどその少女の長い巻き毛は、目の前の薔薇と同じ鮮やかな真紅をしていた。フリルとレースのドレスもぱっと目に入る赤だ。

年の頃は五、六歳だろうか。小さな丸い顔の中に、可愛さを結晶化させたパーツが収まっていた。

黄金に近い琥珀色の双眸は濃く長い睫毛に縁取られ、摘まんだような鼻はちょっと生意気そうでありながら品がある。ぷっくりした唇は薄紅色で、白磁のように白く滑らかな頬も同じ色に染まっていた。

「君は……」

だが、君はこの薔薇の精かなどと聞くほど、ヴァルターは想像力豊かな少年ではなかった。悲しいかな、王宮で大人たちに揉《も》まれ、子どもらしい時期をほとんど経験せずに育ったからだ。

だから、こう尋ねるしかなかった。

「ここは僕以外に知らない花園のはず。どうやって中に入った」

少女は何も言わない。ただじっとヴァルターを見つめている。

晴れた日の太陽を思わせる、黄金に近い琥珀色の瞳にみるみる涙が盛り上がる。

叱って泣かせてしまったかと慌て、慌てて少女のもとに歩み寄り、その涙を拭ってやった。

白い頬はほのかな薄紅色に染まって温かい。紛《まぎ》れもない人間の温もりだった。

「誰にも知られたくないなら、完全に隠しておかなかった僕も悪い」

少女はなぜか目を逸らそうとしない。じっとヴァルターを見つめたままだ。

薄紅色の唇がわずかに動く。

「やっと会えた」とそう呟いている。

しかし、ヴァルターは少女に会うのは初めてだった。二度目ならこれほど印象的な少女を覚えていないはずがない。

「あ、あの……」

少女は次に声を出したが、その質問は先ほどの呟きと内容が矛盾していた。

「あなたは誰？　どうしてこんなところにいるの？」

なんとも気まずい。まさか、生まれて初めて寂しさを知り、耐えられなくなってこの花園に逃げてきたとは言い辛い。

けれども、この少女には素直になってもいい気がした。

「僕たちだけの秘密にしてくれると約束してくれるかい？」

しばらく話して判明したのだが、少女の名はヴァレンシュタイン家のローザリンデ。今日顔合わせをするはずだった少女だった。大人たちの会話が退屈で逃げ出してきたのだという。

ふと、この少女の赤毛も薔薇の花弁と同じように柔らかいのだろうかと思う。触れてみたい

と思ったが、清らかな存在を汚す気がしてならなかった。

ローザリンデはヴァルターの正体を知り、両親が自分たちの結婚を望んでいることを説明すると、「すごい！」と琥珀色の瞳を喜びで輝かせた。

「私も王太子様とケッコンしたい！」

まだ結婚の意味を理解していないのだなと苦笑する。

「僕とは今日会ったばかりだろう」

「うん。だけど、もう大好きになっちゃったの」

その一言に思わず息を呑んだ。自分に向けられた大きな目を思わず見返す。なんの作為もない純粋な、真っ直ぐな愛情をどう受け止めていいのかわからなかった。

ローザリンデは満面の笑みを浮かべていたが、やがてふと不安げにおずおずと口を開いた。

「王太子様はダメ？　私のことは嫌い？」

思わず「嫌いなはずがないよ」と答える。

胸がじわじわと温かくなるのを感じる。それはヴァルターが初めて感じた心の温もりだった。

ああ、そうかとようやくあの、騎士団長となった彼がなぜ、姉を奪ったヘンリックを憎んだのかを理解する。

彼の姉は弟を無私の愛で包み込んでくれたのだろう。彼も同じだけの愛を返したに違いない。

愛情とは一度知ってしまうとなくてはならないものになる。奪われれば心にぽっかりと穴が空き、その穴を奪った者への憎悪で埋めるしかない。

ヴァルターはローザリンデの真紅の巻き毛をそっと撫でた。薔薇の花弁よりもずっと柔らかく温かい。もう彼女を排除しようなどとは思えなくなっていた。


その後王家とヴァレンシュタイン家との間で正式に婚約がまとまり、ローザリンデが十八歳になるのを待って式を挙げることになった。

十二年はヴァルターにとって永遠にも思えたが、待ち遠しさよりも喜びの勝る日々だった。

ローザリンデはしょっちゅう王宮に遊びに来ては、ヴァルターに子猫のようにくっついて甘えた。

「ヴァルター様、大好き！」

嘘も作為もなく、愛情も言葉もまったく出し惜しみしない。全身全霊で伝えようとしてくる。

渇いていた心がみるみる潤い、満たされるのを感じた。彼女がごく幼い頃には娘のように、成長して少女になると妹のように可愛がった。

この小さな愛おしい者のためになら、世界を滅ぼしてもいいとすら思えた。

むしろ、滅ぼしてしまいたかったのかもしれない。すべてが消滅して二人きりになれれば誰にも邪魔されない。彼女を完全に自分だけのものにすることができるのだから。

そうした破滅的な思考は時が経つにつれ、消《き》え失《う》せるどころか次第に強くなっていった。

ローザリンデは年々成長するごとに、薔薇の蕾《つぼみ》が綻び、花開くように美しくなっていった。

真紅の巻き毛は年頃の娘らしく艶を帯び、黄金に近い琥珀色の瞳は生き生きと輝いて、唇は何も塗らなくても薄紅色に潤っている。白く滑らかな肌は絹よりも手触りがよさそうだった。髪の色と同じドレスを身に纏うと、まさに真紅の薔薇の化身に見えた。

彼女がただ歩くだけで、周囲にいる男の目が吸い寄せられ、釘付《くぎづ》けになり、噂し合うのをたびたび見かけた。

「おい、ヴァレンシュタイン公爵家の令嬢だぞ。相変わらずお高くとまっているな。だが……」

「ああ、美しいな。ヴァレンシュタイン家の薔薇と讃《たた》えられるだけある。棘がある薔薇でも一度手折ってみたいものだ」

理性がなければその場で男たちの目を潰してしたかもしれない。

もちろん、ローザリンデにこんな激情をぶつけはしない。怯えられ、逃げられたくはなかった。だから、優しい王子様を演じた。

結婚すれば思う存分愛することができるからと耐えて、ようやくその資格を得ることができた。

なのに、ようやく夫婦になった途端妙な行動を取る。不妊だと嘘を吐いて離婚しようとしたり、修道院に逃れようとしたり。

琥珀色の瞳にははっきりと、「あなたを愛しています」と書いてあるのに、なぜ今更離れていこうとするのか。

結局、ローザリンデもオットーの企みを見抜いており、自分さえいなければと思い詰めたからだった。

話し合って以降は逃げることはなくなったものの、時折目を逸らしたり、かと思えば切なげな目でこちらを見つめたりしていることがある。安心させようと撫でても、抱いても、それだけは解消されることはなかった。

その眼差しを更によく見かけるようになったのは、ブラウンシュヴァイク家のミリアムと知り合ってからだった。

自分以外の女に目を奪われたと誤解しているのだろうか。ならば、まったく無用の心配でしかない。

なぜなら、まずヴァルターにとっての魅力的な女とは姿形ではない。

そもそも女以前にローザリンデと彼女によく似たアレクシス以外の人間は老若男女、地位、身分を問わず人間の仮面を被ったのっぺらぼうにしか見えない。鏡で見る自身を含めてだ。

仮面の体型や顔かたちの違いはわかるのだが、どれも人間のものだ程度の認識で、美醜の差異などは誤差でしかなかった。

だから、周囲がいくらミリアムを舞い降りてきた天使だと褒め称えようと、ピンと来なかったし、だだっ広い大広間でもローザリンデしか目に入らない。女を勧められたところでなんの意味もない。

百歩譲って別れるために他の女を斡旋《あっせん》するところまでは理解できなくもない。しかし、なぜよりによってミリアムでなくてはならなかったのか。

ミリアムの生家とされるブラウンシュヴァイク家は社交界で評判が悪い。数年前まで借金を背負って財政難だったからだ。知人、友人に金をせびっていたとも聞いている。

女を宛がうにしても他にいくらでもいるだろうに、なぜそんな家出身のミリアムでなければならないのか
ローザリンデが何も考えずに行動するはずがない。なら、何か理由があるはずだった。

そこで、ローザリンデの誘いに乗った振りをして、ブラウンシュヴァイク家の現状に加え、ミリアムの氏素性を子飼いの諜報《ちょうほう》部隊に調査させた。結果いくつか見過ごせない情報が報告された。

まず、ブラウンシュヴァイク伯爵には確かにミリアムという一人娘がいた。しかし、すでに亡くなったはずだと彼女の乳母が証言したのだとか。十五歳の誕生日を前に持病が悪化したのだと。

ミリアムを赤ん坊の頃から育てていた乳母は嘆き悲しみ、せめて先祖代々の墓地に埋葬されるまで見送りたいと望んだ。ところが、翌日にはいくばくかの金を握らされて屋敷を追い出され、二度とこの地に戻るなと脅されたと。

なのに、その後数年経ってミリアムが回復し、更に宮廷で社交界デビュー予定だと風の噂で聞き、そんな馬鹿なと目を剥いたのだという。

「お嬢様は私が見守る中で亡くなったのです。その方は私のお嬢様ではございません！」

つまり、ミリアムは偽物ということだ。

ミリアムはブラウンシュヴァイク伯の一人娘だったので、彼女が死んでしまえば確かに直系の跡継ぎはいなくなる。しかし、分家はいくつかあるので、そこから養子を引き取ればいいだけの話だ。

なのに、なぜ借金を背負った没落貴族が、わざわざ娘の身代わりを立てる必要があるのか。

また、ローザリンデが怪しんでいたとおり、ブラウンシュヴァイク家の金の流れにも不審な点があった。

一度破産したのちろくな資産も事業もないのにもかかわらず、得体の知れない無名の商人から出資を受けている。

この商人がまた怪しかった。数年前毛織物の卸売りで商売を興したばかりで、帳簿上はたいした儲《もう》けがないのにもかかわらず、ブラウンシュヴァイク家に多額の資金を提供している。恐らく、身元を明かせない何者かが偽名を使っている。

しかも、それはミリアムが偽物と入れ替わったと思われる時期と一致していた。

ヴァルターは陰謀の臭いに鋭い。裏にある人物の意思を感じ取った。だが、まだ証拠を掴んでいない。

ひとまずブラウンシュヴァイク家、謎の商人について調査を続行するよう命じ、更に偽ミリアムの企みを探るべく、秋の舞踏会に出席した。

すると、偽ミリアムは言葉巧みにダンスに誘ってきた。

それだけではなく、最中、あからさまに誘惑しようと甘く媚びた視線を送り、時にはさり気なく胸の谷間を見せ付けてきた。

だが、ヴァルターにはなんの意味もない。偽ミリアムも大広間に数多《あまた》いるのっぺらぼうの一人でしかないのだから。

それ以前に、彼女の目的がなんなのかを確かめなければならなかった。

だから、ダンスの最中ミリアムに「今夜部屋に来てください」と誘われても、格好の尋問の機会ができたとしか思わなかったのだ。

月が雲に隠れ、暗闇に閉ざされた頃――。

指定されたとおりに偽ミリアムの客間を訪ねると、彼女は窓辺に手を掛け何も見えない夜空を見上げていた。扉の開けられた音に気付いて振り返る。

肌が透けて見える寝間着姿だった。栗色の髪は解かれ、その一筋が胸の谷間にしどけなく垂れている。

「来てくださったのですね」と潤んだ目を向ける。

「殿下、一夜で構いません。お情けをくださいませ。ずっと殿下に憧れていたのです。どうか……」

ヴァルターは無言で偽ミリアムの前に立ち、偽ミリアムの頭から爪先までを見下ろした。

どこにも暗器の類いは所持していない。そもそも武器を扱える筋力もない。なるほど、暗殺するつもりはないようだ。

もっとも、暗殺者であったところで五人以下なら一人で倒せるし、外には衛兵を待機させているので、ミリアムに殺意があろうが問題ないが。

となると、色仕掛けそのものが目的か。

「殿下……」

しなだれかかった偽ミリアムを見つめる。

「なっ、なんでしょう?」

髪の根元にストロベリーブロンドが見え隠れしている。やはり染めて変装していたのだ。

ヴァルターはミリアムの肩に手を掛け、さりげなく距離を取った。

「君は少々演技が下手だ」

「え、演技などとは……」

「これほど怖がっているのにか」

触れるまでもなく小刻みに全身が震えている。恐らく、男に抱かれるどころか、キスしたこともないのだろう。

「そ、それは……殿下をお慕いしていて、だっ、だから緊張していて……」

「いいや、君は私に恋してなどいない」

朝から夜までローザリンデの恋心を隠し切れない、熱い視線を受け続けているのだ。ミリアムが自分に思いを寄せているかどうかくらいすぐにわかる。

「私も君を抱くつもりはない」

「……っ」

ミリアムがぐっと押し黙る。

「で、でも……男の方は好きではなくてもいいと」

「ほう、そんな戯《ざ》れ言《ごと》を誰に聞いた。君の雇い主か」

再び沈黙が落ちる。

ヴァルターは腕を組んでミリアムに告げた。

「私はローザリンデを裏切る気はない」

というよりは、ローザリンデ以外の女は女どころか人間にも見えないので、まったく興味が持てないというのが正解なのだが。

「だから、君の雇い主の企みは無駄だ」

「そ、んな……。でも……だって……それじゃあ……」

白い頬がたちまち真っ青になる。

「君は一体誰にこの茶番を演じろと命令された？」

ミリアムは首を横に小さく振った。ぎゅっと目を閉じ頬を押さえる。

「そ、れは……言えません」

「私側につけばヴァレンシュタイン公以上に優遇すると言ってもか」

「……」

さり気なくオットーの名を入れてみたが反応しない。なかなか意志の強い娘だと感心する。好きでもない男に、決死の覚悟で身を捧げようとするほどなのだ。恐らく、金のためではない。国庫一杯の黄金にも引き換えられないもの——人質を取られているのではないか。

「言えないのなら、私もこれ以上君に用はない。せいぜい主人に叱られておくんだな」

ミリアムを残して客間を出て行く。人気のない廊下を通り抜け、曲がり角に差し掛かったところで、暗闇から音もなくアレクシスが現れた。

「ご報告がございます」

「偽ミリアムの件か」

アレクシスは小さく頷いた。

「諜報部隊隊長からの情報になります。やはりミリアム嬢は偽物です。孤児院出身のミアという少女に間違いございません」

ちなみに、ミアの両親の身元はまだ不明なのだとか。

更に、やはりブラウンシュヴァイク伯への資金提供者は、ヴァレンシュタイン公だとも判明したと。恐らくミアを伯爵令嬢に仕立て上げ、更に王太子を誘惑しようとしてきたのだ。

目的はローザリンデのスペアと言ったところか。自分の手駒の女とつがわせ、子を儲けさせるつもりなのだろう。

なぜミリアムを送り込んだのかも薄々わかった。

恐らく、オットーはローザリンデを見限るつもりだった。都合良く操れないと判断したのだろう。アレクシスも同じように捨てられたと聞いている。

ヴァルターは父親よりも自分を選んでくれたローザリンデに報いなければ、と心に誓った。

そのためにはオットーを完膚なきまでに叩きのめす必要がある。

しかし、現在のところ追い落とす材料が不十分だ。偽名による貴族の投資はよくある話で、法に反してはいるが罪は軽く、罰金を納めれば済んでしまう。

もっと大きな罪を犯してもらわねばならなかった。

顎に手を当て視線を流す。

「……そろそろ罠《わな》を仕掛けるか」

すでに王太子派の貴族の数はオットーのそれを越えている。

「このまま偽ミリアムは泳がせておくように。いずれ必ずヴァレンシュタイン公と接触する機会があるはず」

「はっ」

アレクシスは一礼して姿を消した。

ヴァルターと別れたアレクシスは、廊下を大股で歩きながら、オットーの陰謀に腹を立てていた。

臣下の身分で王家を乗っ取ろうなどとは恐れ多いどころではない。

それでも、血の繋がった父だけに、複雑な思いに駆られる。

◆◇◆◇◆

——アレクシスは物心付いた頃にはオットーに「ヴァレンシュタイン家を盛り立てろ」と日々言い聞かせられていた。

そのセリフがやがて「ヴァレンシュタイン家はこの国の頂点に立たなければならない」に変化したのは、オットーが国王に宰相の地位をいただき、ヴァレンシュタイン家が筆頭公爵家となった頃からだったか。

当時王位を狙っていた王弟ヘンリックが失脚し、代わって政治の実権を握ったことが大きかったのだろう。国王は女遊びに耽《ふけ》るばかりで政治に関心がなく、オットーに任せっぱなしだったのもまずかった。

いずれ無能な王家に取って代わる――オットーはそんな分不相応な野心を抱くようになったのだ。

「私は父を、祖父を、祖先を超えたのだ……！　ならば、次に挑むべきはもう決まっている」

だが、アレクシスはそうした傲慢なオットーに逆らったことはなかった。嫡男が当主の父に逆らうなど、当時の貴族の価値観ではありえなかったのだ。

従順かつ、勉学では優秀だったアレクシスは、オットーにとっては理想にとっての息子――手駒だった。アレクシスもオットーの方針を疑ったこともなかった。

そうした考え方ががらりと変わったのは、八歳の頃妹のローザリンデが生まれたからだ。

生まれたばかりのローザリンデを母の次に抱いたのは、生みの親の片割れであるはずの父ではなく自分だった。

オットーはその頃追放されたヘンリックの旧派閥を取り込み、宮廷を把握するのに邁進しており、妻には無関心だった。

アレクシスはオットーとコミュニケーションを取っていたが、それはあくまで家を継ぐ嫡男だったからに過ぎないと思う。

いくら家同士の決めた政略結婚とはいえ、跡継ぎを得るためだけの借り腹扱いされるのだ。優しく、情に厚かった母にとってはさぞかし寂しい結婚生活だっただろう。

それでも、文句一つ言わず顔にも出さない、貞淑で謙虚な淑女の鑑のような女性だった。執事によると出産を終えた母はまず、「……オットー様は？」と尋ねた。言葉を濁すと「アレクシスを呼んできて」と命じたのだという。

アレクシスが寝室を訪れると、「抱いてあげて」と小さなおくるみを手渡してきた。

「この子には人の温もりを知る子に育ってほしいの。……世界は美しく、生きる価値があると思ってほしいのよ」

母の言葉の意味はわからなかったが、おっかなびっくりで受け取り、産婆に「首を支えて」などと助言されつつ赤ん坊の妹を胸に抱いた。

驚くほど小さく、柔らかく、温かかった。

「この子、本当に生きているの？」

「ええ、そうよ。可愛いでしょう？」

まだまばらな真紅の巻き毛にぷっくりした頬、むにゃむにゃと桜桃のような口が動いたかと思うと、まだ世の穢《けが》れを知らぬ澄んだ琥珀色の瞳が現れた。

「わっ、髪も目も俺と同じ色だ」

アレクシスの真紅の髪は母譲り、琥珀色の瞳は父譲りだ。兄妹とはいえ同じ組み合わせになるとはと感動する。

「すごい。本当に俺の妹なんだ。もう名前は決まったの？」

「……いいえ、まだよ」

母は顔を曇らせた。

あとから聞いた話によると、父は子が産まれ、その子が息子なら自分が名付けるが、娘なら母の自由にしていいと伝言していたのだとか。

母はいずれ他家に嫁がせる女の子どもなど、どうでもいいと言わんばかりの態度に傷付いたのだろう。

「なかなかいい名前が思い付かなくて。アレクシスだったらどんなものがいいかしら？」

「俺なら……」

腕の中の赤ん坊を見下ろす。赤ん坊はじっとアレクシスを見つめていたが、やがてふにゃりと口元が動いた。

「あっ、笑った！」

真紅の薔薇の蕾が綻んだかのような可愛らしい微笑みだった。

「……ローザリンデ」

ローザリンデは「愛らしい薔薇」という意味の女性名だ。

「あら、いい名前ね」

「うん、それ以外考えられなくて」

美しく咲き誇り、愛し愛され幸福になってほしい――そんな意味を込めた。

「じゃあ、ローザリンデにしましょう。よかったわね、ローザリンデ。お兄様はもうあなたが大好きみたいよ」

思えばこの時が一番幸福だったように思う。母がいて、ローザリンデがいて皆笑っていた。

しかし、その三年後、ローザリンデが誕生日を迎えて間もなく、母は病を得て亡くなってしまった。

最後に震える手でアレクシスの手を取り「ごめんなさい。こんなに早くに逝ってしまうことになって」と何度も謝った。母に落ち度など何もないのに。

これ以上生きてくれとは言えなかった。母はすでに身も心も疲れ切っており、アレクシスから見ても限界に見えたのだ。

「母上、安心してください。ローザリンデは私が守ります」

だから、望んでいた一言を告げたのだ。

「……アレクシス、ありがとう。あなたもまだ子どもなのに」

「でも、ありがとう」と涙ぐむ。

「それからもう一つ……あなたも必ず幸せになって。お願いよ……」

その後葬儀が執り行われたが、オットーは喪が明ける前に宮廷に出仕してしまった。

一方、何も知らぬローザリンデは母の姿を探し、「お母しゃまは？」と首を傾げていた。

アレクシスはそんな妹を抱き上げ、頬を寄せた。

「リンディ、母上はもういないんだ……」

八歳年の離れた妹で、たった三歳で母と死に別れてしまった。いくら乳母がいるとはいえ、生みの母の温もりを知らぬ妹が哀れだった。

彼女がいまやこの世でただ一人、家族と呼べる存在だ。加えて自分に顔立ちがよく似ているだけに、兄というよりは父親のような心境で、目の中に入れても痛くないほど可愛がった。

ローザリンデもアレクシスによく懐き、「お兄様、お兄様」と、アヒルの雛《ひな》のように後をついてきたものだ。

「リンディ、お兄様が世界で一番大好き！」

思えばあの頃無私の愛を知ったのだろう。

ローザリンデには誰よりも幸福になってほしい——そう望むようになった。

だが、幼い娘も父にとっては王家に入り込むための手駒でしかなかったらしい。ローザリンデに物心がつき、長ずれば美女になると判明した頃から、しきりにローザリンデに干渉するようになった。

挙げ句、まだ物心つかぬうちから「ローザリンデは将来王太子妃にする」と、何人もの家庭教師を付け、半ば洗脳に近い教育を施そうとしたのだ。

毎日ローザリンデと接していたアレクシスは、オットーのスパルタ教育に大反対。執務室に押し掛け抗議した。

「父上、ローザリンデは賢い子ですが、まだ三歳です。そのような教育に耐えられるはずがございません」

「アレクシス、誰に向かってものを言っている」

初めて見る息子の反抗が気に障ったのか、オットーは威圧的な眼差しでじろりと睨め付けた。

それでもアレクシスは引かなかった。

「それくらいなら、勉強だけは俺に見させてください。万人の家庭教師よりも俺の方が優秀だと、父上もよくご存知でしょう」

オットーの目がわずかに見開かれる。

「……ふむ」

値踏みするようにじろじろとアレクシスを見つめた。

「王太子に気に入られるよう育てるんだぞ」

「結果が出なければすぐ交代させる」と警告されたものの、最終的にはなんとか承諾してくれた。

ほっと胸を撫《な》で下ろした。ローザリンデには自分のようになってほしくなかった。

――ローザリンデの家庭教師役はその後三年続いた。

小さな妹は実に優秀な教え子で、何でも一度で覚えてしまった。「リンディは頭がいいな」と頭を撫でてやると、頬を染めて照れ臭そうにしていたものだ。

「お兄様に褒めてもらいたいから頑張れるの！」

だが、その家庭教師役も三年後に終わりを告げることになる。

オットーに執務室に呼び出され、ヴァルターの側仕えになれと命じられたからだ。

「王太子殿下の、ですか？」

「ああ、そうだ。すでに陛下と話は付いている」

オットーは机の上に手を組んだ。

当時王太子ヴァルターは十一歳。ほんの子どもである。

「お前も王太子の噂は知っているだろう」

「はい。一通りは」

数年前まで王妃の不義の子ではないかと噂されていた。いずれ廃嫡も有り得るのではないかと。ヘンリックが次期国王の座を狙った理由もそれだ。

ところが、成長するにつれ王家の特徴がはっきり出てきて、今では誰もが国王の実の子であると認めている。

しかし、オットーは油断なく目を光らせた。

「勉学については優秀だそうだ。だが、それだけでは賢いとも愚かだとも判断がつかん」

確かに、王太子には卓上での勉学ではない、互いの腹を探り合い、生き馬の目を抜こうとする臣下たちの心理、動向を読み、統べる能力が求められる。

しかし、不義の子だと疑われていた頃には、誰も構おうとしなかったからか、ヴァルター個人の情報がほとんどないという。

「どちらにせよ所詮子どもだ。躾《しつ》けておけばいくらでもなんとでもなる」

躾《しつけ》とは、なんとでもなるとはどういう意味なのかと聞く前に、オットーは薄く笑って「お前は子どもを手懐《てなず》けるのがうまい」と呟いた。

「ローザリンデをよくあそこまで調教したものだ。その手腕を王太子にも生かしてこい。ご立派な陛下のようにな」

つまり、ヴァルターをヴァレンシュタイン家に従順で、オットーに都合のいい愚か者にしろと命じたのだ。

アレクシスはこの時点でオットーの計画を見抜いてしまった。

骨抜きにした王太子にローザリンデを嫁がせ、男児を生ませた上で王家の外戚となり、政治の実権を握り続けるつもりなのだと。そして、自分の思い通りになるのを疑っていない。

「アレクシス、返事をしろ」

「……かしこまりました」

反抗したところでこの父が話を聞くはずもない。結局、腑抜《ふぬ》けのままオットーの望む答えを返すしかなかった。

現状を把握し、自分が何をすべきなのかを理解していても、力がなければ指を咥えてただ見守ることしかできない。このままでは幸せになってほしいと願った、ローザリンデも父の思い通りになってしまう。

この時ほど無力感を覚えたことはなかった。せめて愛する者を守る手くらいはほしかったのに、ただ悔しさにかたく握り締めることしかできない。

筆頭公爵家の嫡男とは名ばかりの自分に対し、主人となる王太子ヴァルターはどのような人物なのか。

こんな腑抜けに手懐けられ、大人しく操り人形となるからっぽの器なのか。それとも――。

その答えは側仕えとなって一週間も経たずに判明することになる。

王太子ヴァルターにはほとんど表情を変えない、大人びた少年だという第一印象を抱いた。

愛想笑い程度はするが声を上げることはないし、怒ることも、悲しむこともない。常時冷静で十一歳の子どもに見えなかった。

「本日よりヴァルター王太子殿下の近侍となりました、ヴァレンシュタイン公爵家嫡男、アレクシスと申します」

その時ヴァルターは応接間の窓辺に佇み、今朝摘まれ、生けられたばかりの真紅の薔薇を見つめていた。

薔薇が好きなのだろうか。

ゆっくり振り返りアレクシスに目を向ける。

「君がアレクシスか。聞いている。今日から頼んだぞ」

「はっ」

胸に手を当てて頭を下げながら、少なくとも頭が空っぽの、大人の意のままになる少年ではないと感じる。向けられたロイヤルブルーの眼差しにはっとする。

もう何年も生きて人と世の醜さを知り尽くし、人生経験を重ねた大人のような目だった。

「早速だが」

声を掛けられ我に返る。

「はっ、なんでしょう」

「君は武術には長《た》けているか」

筆頭公爵家の嫡男は誰よりも優れていなければならないと、幼少時から剣、槍《やり》、ボウガン、馬術は一通り叩《たた》き込《こ》まれている。人並み以上だとは自負していた。

「長けているとまでは言えませんが、それなりには」

「おのれの身を守れる程度で十分だ」

ヴァルターのセリフの意味が何を意味するのか、この時には理解できなかった。

理解できたのはわずか三日後なので、あらためて聞く必要もなかったのだ。

王太子も十歳を超えると、帝王教育の一貫として、大学や裁判所などの重要機関の視察に行く。

その事件はまさにヴァルターの視察の最中、王宮の敷地内にある、最高裁判所で起きた。

警備中の衛兵の二人が頷き合ったかと思うと、ヴァルターとアレクシスをまとめて空室だった法廷に押し込み、剣を抜いて襲い掛かってきたのだ。衛兵に潜り込んでいた暗殺者だった。

「殿下！」

アレクシスも咄嗟に剣を抜き、応戦したのだが一対二、しかも相手が武装した大人では体格でも力でも敵《かな》わない。おまけに、ヴァルターは護身用の武器を短刀しか所持していない。

——このままではヴァルターを死なせてしまう。

せめて一人でも倒し、ヴァルターを逃がさなければと、体格の差を逆手に取り、懐に飛び込んだ。その拍子に暗殺者の手から剣が落ちて床を滑っていく。

「殿下、今のうちにっ……」

しかし、逃がすには時すでに遅く、もう一人の偽衛兵がヴァルターに斬り掛かった。

「殿下！」

ヴァルターのロイヤルブルーの目が一瞬鋭く光る。

腰を屈めギリギリのところで剣を躱《かわ》す。

「なっ……」

暗殺者が素早い身のこなしに目を見開く間に、滑ってきた剣を手に取り、迷わず敵の目を切り裂いた。

「ぐあっっ！」

苦痛に暗殺者が声にならない声を上げる。更に、目から流れ落ちた血で足が滑り、その場に仰向けに倒れ込んだ。

ヴァルターがすかさず剣を逆手に持ち替える。

何をするのかと思いきや、なんの躊躇いもなくその切っ先を、暗殺者の利き手の手首上に突き立てた。

「ぎゃぁあああああっ」

今度は絶叫とも取れる悲鳴が上がる。しかし、ヴァルターは左手の腱《けん》も断ち切り、暗殺者を戦闘不能にしてしまった。

「このガキ……！」

残された衛兵がヴァルターに向かっていく。怒りに任せているからか、背中側が隙だらけだ。

すると敵の左手から剣を抜いたヴァルターが、「アレクシス」と落ち着き払った声で命じた。

「――斬れ」

アレクシスはその一言を合図に男の背に剣を振るう。

刃が鎧《よろい》と鎧の隙間にある肩にめり込む。

「うがあっ！」

男は獣にも似た呻《うめ》き声《ごえ》を上げ、その場に転がって悶絶《もんぜつ》した。

アレクシスは武術を叩き込まれていたが、人を斬ったのはこれが初めてだった。それだけに生々しい肉の感触にショックを受けていた。徐々に床に広がっていく血溜《だ》まりもだ。

ところが、ヴァルターは相変わらず冷静そのもので、まったく表情を変えていない。

それどころか――。

「この程度で十分だな」

先ほどと同じように剣を突き立て、暗殺者の手の腱を断ち切ってしまったのだ。

暗殺者はこの先武器を持つことはできないだろう。二人とも戦闘意欲をすっかり失い、ただその場で苦痛に呻き声を上げるばかりだった。

その頃になってようやく本物の衛兵、護衛が法廷の扉を破り駆け付けてきたのだが、床に倒れる暗殺者二人に目を白黒させていた。

「で、殿下、これは一体……」

「暗殺者だ。アレクシスが倒してくれた」

アレクシスは違う、自分ではないと異を唱えようとして、ヴァルターに鋭い視線を向けられて黙った。

護衛と衛兵が偽衛兵たちを連行していく。

ヴァルターはその様子を見守りながら、「……なぜ」と残されたヴァルターに尋ねた。

「なぜ俺の手柄にしたのですか。主人を守れなかった側仕えなど存在意義がございません」

この場で任を解かれても当然なのに。

ヴァルターは頬を拭った。先ほど暗殺者の手の腱を断ち切った際、血が頬に飛んだらしい。

「なるほど、君は父親とは違い、嘘が吐けない男らしいな」

「……」

まさか、自分を試したのかと目を見開く。

ヴァルターはアレクシスの表情を読んだのか、「それもあるが、面倒だからだ」と答えた。

「あれは恐らくヘンリック……叔父上の元部下、あるいは派閥に属していた貴族が放った暗殺者だ。無駄に人望のある男だったからな」

ヘンリック自身はすでに辺境に追放されているが、王都にはかつてヘンリックを王位に就かせようとしていた派閥の生き残りや、騎士団長時代忠誠を誓っていた部下があちらこちらに潜んでいる。

「これがなかなか厄介だ。虱潰《しらみつぶ》しにしていくしかなかった」

そして現在、すでに九割方ヘンリック派の残党を捕らえ、ことごとく極刑に処したのだのだという。

アレクシスは信じられない思いで唸った。

「まさか……ご自身を囮《おとり》にされたのですか」

手柄を渡したのはおのれの強さを広めないようにし、所詮子どもだからと敵を油断させるためか。

「王太子の暗殺未遂となれば、主犯、実行犯は極刑。更に一族ともども連座刑にできる」

「……」

背筋に冷たい汗が流れ落ちるのを感じる。目の前にいる少年が少年の皮を被った化け物に見えたのだ。

ヴァルターは感情のこもらぬ顔で言葉を続けた。

「あまりにも暗殺未遂事件が多いので、ようやく父上も重い腰を上げるつもりになったようだ」

「それは一体どういう意味で」

すぐに察してはっとして口を閉ざす。

現在ヘンリックは表面上では辺境の領主となっているが、二十四時間見張りを付けられ軟禁されていると聞いている。そんな状況で派閥の残党と連絡を取れるはずもない。

つまり、残党やかつての部下たちはヘンリック本人の意志ではなく、ヴァルターさえいなくなってしまえば王家の血を繋ぐため、国王がヘンリックを呼び戻すと踏んでいるのではないか。

だが、もしヘンリック自身がいなくなってしまえば――。

ヴァルターは答えの代わりに唇の端を上げ、微笑んだ。

「叔父上も辺境の地でさぞかし退屈だろう。そろそろ終わらせて差し上げよう」

ヘンリックが食中毒で死亡との訃報が届いたのは、この暗殺未遂事件から三ヶ月後のことだった。

アレクシスはこの事件を通じて、決して敵わない器の持ち主がいるのだと、認めざるを得なかった。年齢など関係ないのだと思い知らされ、圧倒され、忠誠を尽くし、生涯を捧げようと誓った。

同時に、ローザリンデには荷が重すぎると不安になった。

ローザリンデは素直で情緒豊かな性格だ。言葉を換えれば魑魅魍魎の跋扈する宮廷で女王となれる器ではない。ごく普通の少女なのだ。

そんな少女がこれほど苛烈なヴァルターの伴侶となり、隣に並び立つことなどできるのか。

ところが――。

「お兄様、私、ヴァルター様とケッコンする！」

休暇で実家に帰宅するなりローザリンデが駆け寄ってきて、そう主張しだしたのだからぎょっとした。

初めは妹が親しげに語る「ヴァルター様」が王太子を意味するのだと気付かなかった。

「なんだ、いきなり」

「あのねえ、今日ヴァルター様と会ったの」

乳母に連れられ王宮に行ったと聞き、いよいよ父がローザリンデを王太子妃にすべく、動き出したのだと拳を握り締めた。

恐らく、すでに内定しているのだと思われる。

動揺を押し殺しつつ、優しい兄の仮面を被って、手を伸ばすローザリンデを抱き上げてやる。

「そうか。リンディには殿下はどのような方に見えた？」

「うん！　すごく綺麗で優しかった」

綺麗はともかくとして、優しいとの評価には驚いた。しかも、ヴァルター様と直に名を呼ぶのを許しているとは。

「優しいって殿下がかい？」

なんと怪我の手当てをしてくれたのだと聞き二度驚く。暗殺者の手の腱を断ち切り、頬の血を拭ったヴァルターと同一人物に思えなかった。

しかし、銀髪でロイヤルブルーの瞳の美少年などヴァルターしかいない。

いずれにせよ、ローザリンデがヴァルターを気に入ったのは事実だった。

それでは、ヴァルターはローザリンデをどう捉えたのか。

ヴァルターのことだ。ヴァレンシュタイン家との縁談はオットーの計画で、どういった意図の計画なのかくらいとっくに把握しているはず。

その上で今後どう動くつもりなのか。

気になりつつも翌朝登城し挨拶に行くと、ヴァルターはまた窓辺の花瓶に生けられた、摘み立ての真紅の薔薇を見つめていた。やはりこちらの心を読み、「この縁談は受けるつもりだ」と答えた

「まだ僕は派閥を形成するほどの力がない。この通りまだ子どもだからな」

「……」

アレクシスからすればヴァルターは大人顔負けの力量の持ち主だが、何も知らぬ者の目から見れば確かに少々賢い子どもでしかない。

「そのために君の父親の力を利用するつもりだ」

「殿下、なりません。逆に利用されます」

主人に逆らった罪悪感を覚えつつも、その場に跪《ひざまず》き胸に手を当てて訴えた。

「俺の父は殿下が国王に即位後も政治の実権を握り続けるつもりです。ローザリンデを嫁がせるのもその口実のためでしかない。それどころか、いずれ王家に取って代わろうと画策しております」

この時点でアレクシスは父を決定的に裏切った。オットーの息子であり、ヴァレンシュタイン家の嫡男であることをやめたのだ。

「ローザリンデは……いつか必ずあなたの王道の障害になる」

ローザリンデも父とヴァルターの狭間で苦しむことになるのではないか。ヴァルターに夢中のローザリンデには悪いが、祝福してやるなどできそうになかった。

ヴァルターは不意に振り返り、深く青い目でアレクシスを見つめた。

「君の父親が欲深い男だということは知っている。君が忠誠心の厚い、嘘を吐けない男だということも。だが、君は僕について何も知らない」

薔薇の一輪を引き抜き手に取る。

「殿下、棘が……」

「心配ない。抜いてある。だが、棘のない薔薇は味気ないな」

再び薔薇を花瓶に刺し直してアレクシスを振り返る。ロイヤルブルーの目がわずかに見開かれる。

アレクシスはヴァルターの驚きの表情を目にしたのはこれが初めてだった。

「殿下、どうなさいました?」

「君はリンディによく似ているのだな」

「……?」

今更何を言っているのかと首を傾げる。

「そうか。君はそんな顔をしていたのか」

ヴァルターが微笑んだ理由がアレクシスにはわからなかった。

その間に気品ある薄い唇が今度は決意に引き締められる。

「僕は望んだものはすべて手に入れる。ローザリンデも、王家の復権も、この国もだ」

まだ高く澄んだ少年の声なのに、有無を言わせぬカリスマ性があった。

「だからアレクシス、僕について来い」

——逆らうことなど有り得なかった。


アレクシスと父との対立が決定的となり、ヴァレンシュタイン家を出るきっかけとなった事件は、ヴァルターとローザリンデが婚約して数年後に起きた。

ある日突然オットーに屋敷の執務室に呼び出され、何かあったのかと尋ねる前に、「お前の婚約者が決まったぞ」と一方的に告げられたのだ。

当時アレクシスは十六歳。

いずれ自分も家のために結婚することになり、相手は家同士の合意の元に決められるのだろうとは予想していた。王侯貴族はそうした政略結婚が当然だ。

しかし、この婚約だけは許容できなかった。

「相手はリートベルト伯爵令嬢カテリーナ嬢だ」

「な……」

驚愕《きょうがく》に目を瞬かせる。

「お前が十八歳になり次第結婚だ。いいな」

最後の「いいな」は意志の確認ではなく、決定事項の念押しに過ぎなかった。

「カテリーナ嬢はすでに婚約していたはずです」

それも、相手はアレクシスの友人だった。幼馴染みで物心ついた頃から互いに愛し合っており、十八歳の成人を心待ちにしているのだと本人から聞かされていたのだ。「結婚式には招待しろよ」とからかっていたのに

オットーはフンと鼻を鳴らした。

「結婚前ならなんとでもなる」

リートベルト家は爵位こそ伯爵だがロイトリンゲン王国でもっとも古い家系で人脈が広い。この家を取り込むことですでに宮廷で一強となったみずからの派閥を更に強化したいのだろう。

アレクシスはさすがにオットーに詰め寄った。

「まさか、婚約を破棄させたのですか?」

友人の実家は侯爵家で家柄も資産も十分にある。しかし、今や国王の覚えがめでたく筆頭公

爵家となり、政治の実権を握ったオットーに敵うはずがないと、早々にカテリーナ嬢を譲ったに違いなかった。

友人の婚約者である女性を、もののように扱う父の態度に吐き気がした。

「父上、なんということを！」

オットーは権力を得るために、一体何人の人生を潰してきたのか。

「あの二人はもう十年以上も前に結婚の約束をしていたのですよ？」

「それがなんだ。いくらでもあることだろう」

「何を、言って……」

オットーはジロリとアレクシスを睨め付けた。

「アレクシス、お前に私を責める権利などないぞ。お前の母親もそうして婚約者から奪った女だったのだから」

あの時そうしていなければ、アレクシスは生まれてすらいなかったと。

この一言には絶句した。

「母上を……」

母は母方の祖父母にとって一人娘であり、多額の遺産を相続することになっていた。特に、この屋敷を含む王都に近い領地を、喉から手が出るほどほしかったからと。

「昔からよくある話だ」

「……」

愕然とした。

父は元婚約者から母を略奪し、我が物としたにもかかわらず、大切にすることもなくただ子を生ませ、ただ寂しいばかりの人生を送らせ、挙げ句早死にさせたのかと。

激しい怒りが血流に乗り全身を駆け巡る。

アレクシスは執務室を大股で横切り、椅子に腰を下ろした父の横に立った。

オットーは自分と同じ黄金色に近い黄金の瞳に、憤怒の炎が燃え立っているのに気付いたのだろう。また、十六歳となった息子の背が、いつのまにか自分を追い越していたことにも。

「な、なんだその目は」

アレクシスは無言でオットーの胸倉を掴んで立たせた。

「ぐっ……あっ、アレクシス、何をするっ……。私に逆らってただで済むと思っているのか」

「もちろん、思っていないさ」

母の分の怒りも込めて顎に一発食らわせる。

すでに武術から離れて久しく、卓上で権謀術数に明け暮れていたオットーの体は、呆気なく吹っ飛んで壁に叩き付けられた。

「ぐ、ぐふっ…はっ、廃嫡だ！　廃嫡にしてやる！」

片手で顎を押さえながらがなり立てる。

「今すぐこの屋敷から出ていけ！」

アレクシスは握った拳をかたく握り締めた。赤く腫れていたが、怒りと悔しさで痛みなど感じなかった。

「上等だ。こんな家初めから出ていくべきだった。……俺という息子がいたことは今日を限りに忘れてくれ」

無言で廊下を通り抜け玄関広間を目指す。

メイドに扉を開けさせ、外に出ようとしたところで、「お兄様！」と背後から声を掛けられたので振り向いた。

「今日帰ってきていたの？　ひどい。私、聞いていなかったわ」

薔薇色のドレスに身を包んだローザリンデだった。片手に熊のぬいぐるみを抱えている。

ローザリンデはとことことアレクシスに歩み寄ると、「もうお城に戻っちゃうの？」と首を傾げた。

「私と遊んでくれないの？」

「悪い。今日はもう無理だ」

苦笑しながら小さな体を抱き上げる。

ローザリンデは頬を可愛らしく膨らませた。

「……つまんない。じゃあ、次に帰ったら遊んでね」

次はないんだよとはさすがに言い辛い。もう二度とこの屋敷には帰らないとも。

なんと答えたものかと言葉に迷う間に、ふとローザリンデが抱えるぬいぐるみが、見慣れぬものであるのに気付いた。

「このぬいぐるみ……」

「あっ、これねえ、ヴァルター様にもらったの」

首に掛けられたリボンは真紅で、目の色が黄金に近い琥珀色。どちらもローザリンデの髪と瞳と同じだ。

「可愛いでしょう。私の宝物なの。特別に注文してくれたんだって」

まさか、あの苛烈かつ冷徹な王太子がと、驚きを隠せなかった。ああでもない、こうでもないと悩みながら、ぬいぐるみの注文書を書く姿を想像できない。

なんとなくおかしくなり笑ってしまう。

「リンディ、お前は殿下が好きなのかい？」

ローザリンデは迷いなく頷いた。

「うん、大好き！」

「どんなところが？」

「ええっと、お兄様と同じくらい大きくて、綺麗で、優しくて……全部好き！」

満面の笑みを浮かべながら、そっと耳に口を寄せる。

「あのね、内緒なんだけど、お兄様にだけ教えてあげる。初めてヴァルター様を見た時、〝あ、やっと会えた〟って思ったの」

それは、幼い少女の初恋と呼ぶにはあまりに運命的で切なく、真摯な思いだった。

「私、この人を愛するために生まれてきたんだって感じたの。ヴァルター様のためになんでもしてあげたい……」

ローザリンデの可愛らしい顔に、見知らぬ大人の女の顔が重なる。黒髪に黒い瞳の大人しそうな雰囲気で、ローザリンデとは似ても似つかなかった。

「……!?」

目を瞬かせるとすぐに消えてしまい、先ほどの一瞬の錯覚はなんだったのかと首を傾げる。

いずれにせよ、わかったことが一つあった。

ヴァルターの本心がどうなのかはわからないが、少なくともローザリンデはヴァルターを慕っている。元婚約者から引き離され、愛してもいない男に嫁がされ愛されず、孤独の病から早世した母よりはずっと幸福なはずだった。

「リンディ、よく聞くんだ。お前は将来殿下と父上、どちらかを選ばなければならなくなり、苦しむことになるかもしれない」

「……？」

ローザリンデの顔には「何を言っているのかわからない」と書いてある。

この年で宮廷政治や派閥の力関係を理解しろとは酷な話だ。それでも、アレクシスは言葉を続けた。

「どうかその時には後悔しない道を選んでくれ」

俺の可愛い妹よと心の中で語り掛ける。

ずっと苦労を知らずに、恵まれた人生を送ってほしいと願ってきたが、今は悔いがないよう生きてほしいと望んでいる。

「お兄様の言っていること、全然わかんない」

近い将来理解することになるだろうと思うと、妹の歩もうとしている道の過酷さにぞっとする。思わずローザリンデを抱く手に力を込めた。

――神よ、どうかローザリンデをお守りください。

いいや、今は神よりも頭を下げるべき人がいた。

アレクシスが王宮の割り当てられた自室に戻ると、なんとヴァルターが窓辺近くの長椅子に腰を下ろしていた。

「で、殿下!?」

「随分と早く戻ったな」

ゆっくりと長い足を組む。

ヴァルターは先月十三歳の誕生日を迎えた。しかし、その横顔の表情はすでに大人のものにしか見えなかった。

アレクシスは当初の予定では実家に三日間滞在する予定だった。その予定に合わせて休暇を取ったのに、初日で戻ってきてしまったのだから、決まりが悪い。

「縁談を蹴って勘当されでもしたか」

「……」

何もかもお見通しなのだなと苦笑する。

「縁談の相手がカテリーナ嬢という件もすでにご存知ですね」

恐らく、その元婚約者が友人であるということも。

ヴァルターは小さく頷いた。

「ああ。君が受けるはずがないと踏んでいた」

オットーがアレクシスの反発を許さないということも。

「君があの父親に似なかったのは良かったのか、悪かったのか。随分苦しむことになったようだな」

「俺はよかったと思っています」

あのままヴァレンシュタイン家嫡男として、というよりは父の手駒としての道を歩いていれば、いずれあの時引き返していれば……と、激しい後悔に苛《さいな》まれていたに違いなかった。

「ただ、一つだけ悔いが残っています……」

ローザリンデを残してきたことだ。後ろ盾のなくなった自分の道連れにはできない。

もう妹と呼ぶことも抱き上げることも敵わぬ今、頼りにできるのはヴァルターだけだった。

ヴァルターの足下に跪き、頭を垂れる。

「殿下、どうかローザリンデを大切にしてください。将来、あの子が父か、殿下かを選ぶ未来が来た時、迷わず殿下を選ぶように」

ローザリンデは人懐こく、どれだけ冷たく扱われても、一度縁のあった者を切り捨てられない情の深さがある。弱さと言ってもいい。それだけに不安でならなかった。

十秒、三十秒、一分経ってもヴァルターからの返事はない。

「殿下？」

何かあったのかと顔を上げると、ヴァルターは窓の外に目を向けていた。ゆっくりと立ち上がり、部屋を横切る。

窓辺に手を掛け何かを見下ろしている。この部屋からは庭園の薔薇園が眺められるはずだった。

「僕はローザリンデと会って、初めて人を綺麗だと思った」

世界は美しいとも感じたと。

アレクシスは息を呑んだ。ヴァルターが異性にどころか、人間に好意を見せたのは初めてだったからだ。

「僕にはあの子が必要だ。失ってしまえばきっと二度と人を愛せなくなる。だから、何があろうとローザリンデだけは手放さない。兄の君は望まないだろうが、地獄に落ちることになっても道連れにする。ローザリンデのいるところが僕の天国だから」

ずしりと重く深い愛情だった。屋敷で垣間見たローザリンデの恋心と同じだけの――。

この二人の間にはすでに自分が入り込めない絆《きずな》があると感じる。

「ローザリンデもそう望むでしょう」

娘を嫁がせた父親のような安堵と一抹の寂しさを覚えながら、一体何が妹をそうさせたのだろうと不思議だった。

＊＊＊

あれから十年の月日が過ぎ、ヴァルターも、ローザリンデも、自分も大人となった。

ヴァルターは予想以上の成長を見せ、今やオットーの派閥を飲み込みつつある。このままヴァルター一強となってしまえば、ロイトリンゲン王国は列強国最強の王道へ突き進めるだろう。

そのためにも、父オットーを打ち破らなければならなかった。

なお、そのオットーは現在、アレクシスにしきりに接触を試み、なんとか懐柔しようとしている。先日も直筆の手紙が届いたが、読まずに破り捨てていた。

恐らく若く優秀なヴァルターとの対立の不利を悟り、自分の味方を増やそうと必死なのだろう。

だが、すでにアレクシスの忠誠はヴァルターのものだった。オットーの息の掛かった者はいずれ排除すると心に決めている。

初めは偽ミリアム——ミアもその一人でしかなかった。

加えて身分を偽りヴァルターに近付こうとしている。ローザリンデの兄としても見過ごせない。いざとなればたとえ相手がか弱い女であれ、みずからの手を汚す覚悟もあった。

だから、秋の外乗会でも警戒を怠らないつもりだったのだが――。

「――ミリアム嬢を助けてやれ」

ヴァルターの命令で、ミアに同行することになると、ミアは明らかに動揺していた。

「そっ……その、私は一人で大丈夫ですから」

「そうもいかない。殿下の命令だからな」

自分に目を付けられるとまずいことでもあるのかと訝む。

間もなく外乗会が始まり、森林を散策するミアを見ていると、時折誰かを探しているように視線が彷徨《さまよ》っている。

そこで、あえてミアを一人にする機会を設けてみた。

さり気なく距離を取り、「川で馬に水を飲ませてくる」と告げると、ミアはほっとした顔で「かしこまりました」と頷いた。

途中で踵《きびす》を返し、愛馬ともども気配を隠してミアのあとを追う。

ミアは途中で馬を木に繋ぐと、森の南にある小屋に入った。

狩猟や外乗会の際、休憩所として使われているところだ。ただし、現在改築中で立ち入り禁止となっているはずだった。

「申し訳ございません。王太子殿下のグループに入れなくなって……」

中からミアの声が聞こえる。

「まったく。若僧《わかぞう》一人籠絡できないどころか、近付くことすらできないとは」

こちらは聞き間違えるはずもない。オットーの声だった。あらかじめ約束して、中で待機していたらしい。

二人に気付かれぬよう窓から覗《のぞ》くと、乗馬服姿のオットーがミアを叱責していた。

ミアが拳を握り締める。勇気を振り絞ったのだろう。恐ろしくて堪《たま》らないのか、全身が小刻みに震えていた。

「公爵様……。お伝えしなければならないことがあります。殿下はもう私が公爵様の送り込んだ女だと気付いていらっしゃると思います。……ですから、もう私が手を付けられることはありえません」

自分と同じ琥珀色の目が見開かれ、ギロリとミアを睨み付ける。

「……しくじったのか」

「……」

ミアは答えない。

「お前は自分の失敗が何を意味するのかわかっているのか」

「おっ、お願いです！」

ミアはその場で土下座をし、オットーの足に縋り付いた。

「どうか院長先生と子どもたちに手出しはしないでください！」

しかし、オットーの声は怒りに満ち、欠片《かけら》の慈悲もなかった。

「私の命令を何一つこなせず、そんな戯れ言を言える立場か」

ところが、「いや、待て」と突然口調が変わる。

「……最初からそうすればよかったな」

腰を屈めてミアの顎を掴み、その耳元に何事か一言、二言、囁いた。

ミアの顔色が真っ青になる。

「そっ……そんなっ。そんな、無理です！　人殺しなんて。私、武器なんて持ったこともなくて……」

オットーはニヤリと笑い「いいや、可能だ」と頷いた。

「すべて私の言う通りにやれ。院長と孤児たちを路頭に迷わせたくなければな」

この遣《や》り取《と》りですべてが判明した。

ミアは孤児院の院長と苦楽を分かち合った孤児、全員を人質に取られていたのだ。

ヴァルターに事情を打ち明けられなかった理由がようやくわかった。か弱い女の身では言いなりになるしかなかったのだろう。

すぐにヴァルターに報告し、対策を立て、ミアを保護しなければ――。

その矢先にあの事件が起きた。

久々にローザリンデがヴァルターなしに外出した日のことだった。なんでも個人的に支援する孤児院の視察なのだとか。

アレクシスはヴァルターに呼び出され、執務室で政務の補佐をしていた。

途中、扉が遠慮がちに二、三度叩かれる。

「何者だ」

押し殺したような女の声が聞こえる。

「……お食事をお持ちしました」

ヴァルターは根を詰めて政務に励む際には、執務室に軽食を運ばせる。ヴァルターも頷いたので、「入れ」と命じる。

すると、メイドが配膳車とともに足を踏み入れた。

すぐに違和感を覚える。メイドの全身が小刻みに震えていたからだ。

――まさか。

咄嗟にヴァルターの前に立ちはだかる。

「お前はミアか？」

「……⁉」

メイド――ミアは配膳車から肉切りナイフを手に取ると、覚束《おぼつか》ない手つきでアレクシスに斬り掛かった。

だが、ヴァレンシュタイン公爵家嫡男として、武術を叩き込まれた成人男性に敵うはずがない。

呆気なく振り払われ、ナイフが絨毯の上に転がる。アレクシスは更に一瞬で間合いを詰め、ミアの急所に肘を打ちんだ。

「うっ……」

ミアは呻き声を上げてその場にくずおれた。

ヴァルターが「ご苦労」と椅子からゆっくりと立ち上がる。

「保護が間に合わなかったのが残念だったな」

失敗を悟ったからだろうか。ミアは腹を押さえ、呆然と絨毯に目を落としていたが、何を思ったのか不意にアレクシスを見上げた。

花弁のような唇の端に微笑みが浮かぶ。おどおどしても、遠慮がちでもない。

アレクシスはその笑顔に見覚えがあった。亡き母もいつもこうして悲しそうに微笑んでいたものだ。

ミリアムはほっと息を吐いて呟いた。

「よかった……。あの時、ちゃんと聞いていてくれたんですね……。止めてくれて……ありがとうございます」

アレクシスはその一言に目を見開いた。

外乗会であとをつけられ、小屋での会話を盗み聞きされていると知っていたのか。いいや、わざとそうさせたのかもしれない。

「まさか、お前」

次の瞬間、がくりと可憐《かれん》な顔が落ちる。華奢な体から力が抜け落ち、バタリとその場に倒れ伏した。唇の狭間から血が一滴流れ落ちる。

「……毒か。くそっ！」

ヴァルターを振り返り「宮廷医の元に連れていきます！」と叫ぶ。そして、初めてヴァルターの返事を待つことなく、ミアを横抱きにして医務室を目指した。

幸い医務室に他の患者はおらず、宮廷医はのんびりサンドイッチの昼食を取っていた。そこに、アレクシスが乗り込んできたのだから仰天している。

「な、な、なんなんですかな?」

「急患だ。毒を飲んだ」

「……⁉」

宮廷医の顔がたちまち引き締まる。すぐさま残りのサンドイッチを放り出し、ベッドに寝かせられたミアに駆け寄った。

「なんの毒かわかりますか」

「そこまでは。ただ、飲んだのは十分も前ではない」

「となると、即効性ですな。しかし、私はもう三十年も医師をやっておりますが、そんなに早く効く毒など聞いたこともございません」

「馬鹿な……」

母のように悲しく死なせたくないのに、自分では何もできない。口惜しさにギリリと唇を噛み締める。だが、その痛みで閃いたものがあった。

「……まさか」

宮廷医すら知らない即効性の毒薬――。

「助かる」と力強く告げる。

「この毒は五十パーセント以上体内に吸収される前に、吐き出してしまえば助かる」

「な、なぜそれをアレクシス様がご存知で」

「――この毒はカンタリスだ」

カンタリスは元々は薬種売買の事業で名を上げたヴァレンシュタイン家が、代々その製法を一子相伝としてきた秘薬にして最強の毒薬だ。

アレクシスも十二歳の頃にその製法と解毒法をオットーから教わった。

「まさか、これが」

アレクシスの一言に宮廷医は息を呑んだが、すぐさま我に帰り薬品棚に駆け寄った。茶色い小瓶を手に取りベッドに戻る。

「お嬢さん、口を開けてください。これさえ飲めば助かるんですよ。吐き気がひどくなりますが、一ヶ月もすれば治りますから」

「や……めて……」

ミアは目を閉じたまま涙を流した。

「だって……私のせいで院長先生と皆が……」

「貸せ！」

アレクシスは宮廷医の手から瓶を取り上げると、迷わずぐいと中身を一気に煽った。そのまま強引にミアの顎を掴んで唇を開かせる。そして、そのまま深く口付け、薬をミアの喉の奥に流し込んだのだ。

アレクシスの咄嗟の行動に驚いたのか、ミアは目を見開きゴクリと薬を飲み干してしまった。

アレクシスはゆっくり体を起こすと、唇を拭って深く思い溜め息を吐いた。

「……俺はもう、誰かが犠牲になるのはごめんだ」

# 第四章　人生というゲームの主役

院長に案内されたその後の視察は、態度こそ妃殿下然としていたものの、意識は上の空で話にはうんうん頷くばかりだった。

——ミアは「ワイルドローズ・バイブル」の舞台に登ってすらいなかった。

その事実はローザリンデを大いに困惑させていたからだ。

なら、一体この世界はなんなのだろう。誰が主役だというのだろう。

時間が経つのにも鈍感になっていたので、はっと気付くと日が暮れかけており、そろそろ王宮に戻りましょうと侍女に促された。

院長に孤児院の門前に止められていた、馬車の近くまで見送られる。

「それでは、妃殿下、帰り道お気を付けて」

「シスターテレサもお元気で」

御者が扉を開けたので、馬車に乗り込もうとしたその時のことだった。

「いんちょうせんせーい！」

孤児院から十一、二歳のお下げの少女が息を切らして駆けてくる。

「まあまあ、どうしたの」

「おば様への手紙が書けたんです。まだ間に合いますよね？」

「……」

院長は聖母を思わせる慈悲深い微笑みを浮かべて受け取った。

「ええ、大丈夫ですよ」

「あっ、貴族の奥様ですか？」

少女が驚くローザリンデに気付き、ぺこりと頭を下げる。

「お話の邪魔をしてごめんなさい。気を付けて帰ってください」

ローザリンデはまた駆けていく少女の背を見送り、「あの、あの子は……」と尋ねた。

「妃殿下もご存知のはず。ビアンカですよ」

「まあ……あの子がビアンカ……」

ビアンカは九歳で両親を失いこの孤児院にやって来た。数多くいる子どもたちの中でも時に賢く、来年から特待生扱いで王都の学校に通うことになっている。

孤児の、しかも女児として初の快挙だった。

なぜローザリンデがこうも彼女の氏素性に詳しいのかといえば、院長から報告を受けているだけではなく、ビアンカ自身とも手紙の遣り取りをしていたからだ。

ローザリンデは何年も家名も自身の名も出さずに支援を続けていた。

匿名にしたのはあしながおじさんを気取ったわけではない。子どもたちに気を遣ってほしくなかった。

ところが、何人かの子どもたちは自分たちによくしてくれる、男とも女とも老人とも若者ともつかぬ支援者に、お礼を言いたいと手紙を書いて院長づてに送ってくれた。ローザリンデも女性だとだけ明かして、子どもたちの手紙には必ず返事を書いていたのだ。

ビアンカはそんな子どもたちの中の一人だった。

まさか、まだ二十歳にもなっていない、若い女性とは考えもしていないのか、手紙の中ではローザリンデを「おば様」と呼ぶ。

「妃殿下、どうぞお受け取りを。ちょうどよかったですね」

ローザリンデは胸が一杯になりながら、手渡された手紙を受け取った。

「ビアンカ、元気そうでしたね……。あんなに大きくなって」

両親を亡くしたばかりの三年前、まだこの孤児院に来たばかりの頃には、ずっと落ち込んでいたのに。

「妃殿下のおかげです」

院長は深々と頭を下げた。

「えっ、私は何も……」

せいぜい寄付をして手紙の返事を書くくらいだ。

院長は微笑んだまま「いいえ」と首を横に振った。

「ビアンカだけではなく、子どもたちは皆絶望してこの孤児院にやって来ました。でも、皆で励まし合い、手を取り合って成長して……今は学校に行くまでになれた。妃殿下がいらっしゃったからですよ」

日々の糧に困らず明日に怯えず、未来を夢見る力を与えてくれたのはローザリンデだと。

「それだけではありません。子どもたちは自分を見守ってくれている人がいる……。それだけで元気になって、頑張ろうと思えるものです」

ビアンカは「おば様」からの手紙を、すべて大切にとってあるのだとか。

「間違いなくあの子たちの人生を変えたのはあなたです、妃殿下」

「シスターテレサ……」

自分も誰かを助け、命を繋げ、ほんの少しでも世界をよくできた――その実感が胸の奥を熱くする。

ふとヴァルターのロイヤルブルーの瞳が脳裏に浮かぶ。

『なら、私から離れようとしないでくれ。君がそばにいないと、私はそれこそ死んでしまいそうになる』

ヴァルターも同じ思いでいてくれたのだろうか。

今は一刻も彼に早く会いたくて堪らなくなった。


——ところが、せっかく急いで帰ったというのに、ヴァルターはまだ政務が終わっていないので、夕食は一人で取ってくれと侍女に伝言されてしまった。

出鼻を挫《くじ》かれた思いで一人夕食を済ませ、王族専用の居間へ向かう。

この部屋は一人で物思いに耽るのにぴったりだ。

軽食を取ることを想定し少々広いテーブルがあり、寝転がるのにもちょうどよいクッションつきの長椅子もある。

ローザリンデはクッションを抱き締めると、ころりと横向きに長椅子に横たわった。

「……皆それぞれの人生を生きているのね」

皆それぞれの意図を持って行動し、結末がどこに向かうのかが読めずにいる。

「そうよ。私だってゲーム通りに動いていない」

それどころか、軌道修正しようとしてますます狂わせていく有様だ。

思い通りにならず、先行きのわからないゲームはただ一つしかない。

――人生だ。

「じゃあ、ここはゲームの世界なんかじゃなくて……」

体を起こし、考えを整理しようとした途端、不意に視界が暗転した。

「えっ、な、何⁉」

手の大きさと感触からすぐにヴァルターだとわかる。

「ヴァルター様？　政務は終わったんですか？」

「……ああ、やっとだ」

珍しく少々疲れたような声だった。よほど仕事量があったのか、あるいは何かトラブルでもあったのか。

ヴァルターは手を外すとローザリンデの隣に腰を下ろした。

「君は？」

「あっ、はい。私もです。孤児院の視察は終わりましたし、誕生パーティーの食材の手配も昨日のうちに済ませています」

「母の代わりに済まないな」

「そんな、お仕事もらってありがたいくらいです」

現在ローザリンデは姑《しゅうとめ》のゾフィーを手伝い、三ヶ月後の国王の誕生日パーティーの準備に追われている。

ロイトリンゲン王国の王族内では政治や経済政策、軍事は男の仕事、王宮や召使い、貴族らとの人間関係の管理は女の仕事とされているのだ。

舞踏会やパーティーの開催も国王の誕生日の場合は王妃に、王太子なら王太子妃に任されることになる。

来月は国王の誕生日パーティーなのだから、本来なら王妃ゾフィーが中心になるべきだ。しかし、愛人と遊んでばかりだったからかどうも手際が悪く、結局企画から後始末までローザリンデが取り仕切ることになりそうだった。

ちなみに、前世ではイベント企画の会社に勤務していたので、パーティーの立案くらいはお手のものだ。どんな記憶でも役に立つものだとうんうんと頷いた。

それにしてもとちらりとヴァルターの横顔に目を向ける。

ブランデーを飲んだくれ、酒の勢いで本音を口走り、そのまま抱かれたあの夜から、ヴァルターが一層優しい。婚約時代、まだ二人とも子どもだった頃に戻ったようだった。

「どうしたんだい？」

肩を抱き寄せられるともじもじしてしまう。

「その、ヴァルター様が優しいので……」

愛情表現がよりはっきりした気がする。

ヴァルターは苦笑し、真紅の巻き毛にそっと口付けると、「優しくしないと逃げられるから」とぽつりと言った。

「君に逃げられると私は狂ってしまうんだよ」

こうしてローザリンデと過ごす一時のおかげで、自分も血の通う人間なのだと実感できると。

そこまで愛されているとは思わなかったので、ローザリンデは申し訳なくなり「ごめんなさい」と謝った。

「その、ヴァルター様がミリアム様と恋に落ちる夢を見たんです」

まさか前世で乙女ゲームをプレイしており、その世界観がここと似通っていたからとは言えなかった。

「夢？」

「毎日のようにそんな夢を見るようになったんです。これは予知夢か神様のお告げなんじゃないかと思って……」

ロイトリンゲン王国の国教リル教には聖書があり、たびたび預言者や聖人聖女、乙女や牧童が夢を通じて神のお告げを聞くシーンがある。

そのため、夢の暗示が重要視されているので、不自然な説明ではないはずだった。

「だから、怖くなってしまってあんな真似を……本当にごめんなさい。私、恐《こわ》かったんです。ヴァルター様を失うくらいなら、自分から手放した方が傷付かないって……」

今思えばなんと自分勝手な真似をしたのかと情けなくなった。

「そうだったのか」

ヴァルターのロイヤルブルーの瞳がふと遠くを見つめる。

「私も時々怖くなることがある」

「えっ、ヴァルター様がですか？」

恐怖や不安とは縁がないように見えたので驚く。

「ああ、君に出会ってからだ。君がそばにいるこの一時が夢なのではないか、いつか冷めてしまうのではないかと恐ろしくなる。けれど」

ヴァルターは歌うように言葉を続けた。

「神からすれば人の一生そのものが儚い夢のようなものなのだろう。なら、その夢は君と見たいと思えるようになった。君がいない永遠よりも、こうしてともに過ごす一時の方がいい」

「すまないな」とローザリンデの耳元に囁く。

「だから、君を手放してやれそうにない」

「……っ」

胸に熱い思いが込み上げてくる。

ヴァルターは「それに」と肩を抱く腕に力を込める。

「運命とは乗り越えるためにあるものだろう」

「で、でも……」

「私の運命が変わったのは、君と結婚を決めたあの日だ」

「あ、あれは本当は」

「ローザリンデ、私は君に会えたあの日から一人ではなくなったんだ」

「……」

思わず目を瞬かせる。

「君と生きるためにならば、どんな困難も乗り越えられる」

――あの日から一人ではなくなった。

そのフレーズには覚えがあった。

前世で両親に捨てられ、孤独だった自分もヴァルターに助けられた。

その時ようやくここでも一人一人の人間が過去を乗り越え、意思を持って今日を生き抜き、よりよい明日を目指そうとしているのだと実感する。決して乙女ゲームのストーリーのためにある世界ではない。

涙が溜まって堪えきれずにポロリと零れ落ち、慌てて拭ったがもう遅かった。

「わ、私も、です……」

ローザリンデはこの時ようやく悪役令嬢としてのシナリオを捨てた。

「私もずっとヴァルター様のおそばにいたいです。これからも、ずっと……」

いよいよ涙が止まらなくなり目を擦ろうとして、ヴァルターにぺろりと舐め取られてドキリとする。

「ひゃっ」

「君は涙も甘いな」

続いて頬に口付けられ、くすぐったくて身を捩る。

「ヴァ、ヴァルター様、息ができっ……」

すると今度は長椅子に押し倒され、伸し掛かるヴァルターを見上げて目を瞬かせた。

「ヴァルター様……？」

青い瞳の奥に情欲の炎が燃え上がる。

「今、ここで君を感じたい」

ちゅっと音を立てて唇にキスされると、もうそこから熱で蕩けそうになった。

「……私も」

ヴァルターの首に手を回す。

「ヴァルター様を感じたい」

ヴァルターは答えの代わりにドレス越しにそっと胸に手を乗せた。

「あっ……」

指先が柔らかな肉に食い込む。ぐっと握り潰されると、はあっと熱い息が喉の奥から吐き出された。

続いて肩からドレスをずり下ろされる。

「やんっ……」

今日はコルセットの必要ない、下着と一体化したシュミーズドレスを身に纏っている。そのせいですぐにふるりと豊かな乳房がまろび出た。

すでに何度も吸われ、丹念に揉み込まれたその肉の塊は、より激しい愛撫を心待ちにしているかのようにほのかな薔薇色に染まっている。

今度は直にぐっと掴まれ、「ああ……」と艶《なま》めかしく身を捩ってしまった。

「うぁ、るたー様っ……」

骨張った指が滑らかな肌の上を這《は》い回《まわ》り、やがて荒い呼吸に合わせて上下する頂に触れる。

「ひゃんっ」

男の手でも掴み切れない、豊かな胸に似合わない小ぶりな突起は、ぐりぐりと捏《こ》ねられるとたちまちピンと立って快感の強さを伝えた。

「あ……ん。ヴァルター様、もっと……」

鼻に掛かった声で強請《ねだ》ると、再び口付けが落とされる。

日中飲んだのだろうか。赤ワインとチョコレートが混じった香りがする。苦く、甘く、ヴァルターそのもののような香りで、吸い込むごとに脳髄がくらくらした。

呼吸困難に陥る間に、ヴァルターの舌が強引に口内に侵入し、ローザリンデの歯茎をざらりとなぞる。背筋がゾクゾクする。

その間にも胸を執拗に弄《いじ》られ、両者の快感が相まって全身が熱くなっていく。

体が麻痺《まひ》したように動かない。ヴァルターの首に巻き付けていた手は、すでに力を失って長椅子の上に落ちていた。

「んっ……んっ……ん……あっっ」

不意に唇が離れ、大きく息を吐く。

だが、呼吸を整える間もなく、左の乳房に吸い付かれてしまった。強く吸い上げられ背が弓なりに仰け反る。

「やぁぁあんっ」

乳房と背筋に電流が走った気がした。

刺激の強さに耐えきれず、ヴァルターの銀髪に手を埋め、押しのけようとするのだが、手に力が入らず抵抗にすらならない。

呆気なく撥《は》ね除《の》けられてしまい、乳房の形が変わってしまうほどに、より激しく吸われ、囓《かじ》られ、舐られる。

胸から粘ついて濡れた音がするたびに、喉の奥から小刻みに震える高く澄んだ声が上がる。

「あっ……うあっ……そんなのっ……」

今度は右の頂に吸い付かれる。左胸は荒々しい愛撫により、ヴァルターの意のままに形を変えた。

絶え間ない快感に谷間に汗がうっすら滲む。

「ヴァ、ヴァルター様、わ、私、もう……」

「胸だけで達きそうなのか。随分と感じやすい体になってくれた」

「そ……んなこと……言わないでっ……」

黄金に近い琥珀色の瞳が涙で潤む。

ヴァルターはローザリンデの泣き顔を見て、薄い唇の端に笑みを浮かべた。

「何を恥ずかしがる。褒めているんだ」

同時に、ドレスのスカートを捲り上げる。

「ひゃっ」

反射的に足を閉じ、秘所を隠そうとしたが、すぐに両の腿を掴まれ割り開かれ、するりと指先で下着の紐《ひも》を解かれてしまった。薄布がはらりと長椅子の下に落ちる。

とたんに露わになったそこに肌寒さを覚える。布一枚でもあるのとないのとでは大違いだった。

ヴァルターがベルトを外し、ズボンを下ろす音が聞こえる。

ローザリンデの視界はすでに涙で揺れ、曖昧になっていたので、中から取り出された赤黒い逸物がいきり立っているのに気付かなかった。

だが、すぐさまぐっと蜜口に押し当てられたので、否が応でもその大きさと圧倒的な質量、触れただけで身を焦がすほどの熱を感じ取ってしまう。

「待っ……」

懇願の言葉を言い終えないうちに、すでに秘所を濡らしていた蜜を纏《まと》わり付《つ》かせながら、肉の楔がひくひくと蠢く花弁を押し広げていく。

「あっ……」

隘路の内壁をぐいぐいと強引に掻き分け、奥へ、奥へと入っていく。

「ああっ……」

おのれの女の部分とヴァルターの男の部分が交わる感触に身悶える。

「あっ……あっ……あぁっ」

消え入りそうな声を上げてしまう。

思わず腰を動かし、圧倒的な快感から逃れようとしたが、すでに体内から串刺しにされた状態ではどうにもならなかった。

ヴァルターが肩で大きく息を吐く。

「リンディ……」

熱く硬い塊が子宮へと続く肉の道を押し広げ、より深いところへ挿入されていく。

「あ、あ、あ、あっ……」

肉体がヴァルターの雄の証を受け入れようとするのがわかってしまう。

耐え切れずにヴァルターの肩に縋り付こうとしたのだが、ヴァルターはその手を振り払って細い腰を掴み、ぐっと肉の楔を最奥にまで押し込んだ。

「うあっ……，ぁん」

赤子が泣くのにも似た声を上げてしまう。肺から息が押し出されて、死にかけの魚のように口をパクパクさせた。

「……まだだ」

ヴァルターはローザリンデのなよやかな足を両脇に抱えた。腰をぐっと突き出して子宮の奥深いところを貫く。

「……っ」

子宮が押し上げられるような感覚に絶句する間に、黄金に近い琥珀色の瞳から涙が飛び散った。

「……」

「ほら、もうこんなに深く繋がった」

ヴァルターの興奮に掠れた囁きも耳に入らない。

「ずっとこうしていられれば……どれほどいいだろうな」

次の瞬間、ズンと重く深い衝撃が走った。

「あっ……そんな……ヴァルターさ」

続けざまにズンズンと突かれ、殻の内側から揺さぶられる。長椅子の足がギシギシと軋んだ。

「あっ……んぁあっ……あっ……やぁんっ……ひうっ……」

ヴァルターの激しい愛に、首を横に振って耐える。

「あっ……あっ……あっ……いいっ……いぃ……もっと……ヴァルター様っ……もっとっ……！」

ヴァルターの両脇に挟まれた白い足はいまや弛緩《しかん》し、突かれる動きに合わせゆらゆらと揺れている。

居間にはむっと湿気が立ち込めて、ワインとチョコレートと蜜の混じった淫靡な香りが漂っていた。

ヴァルターはぐっと前のめりになると、胸板を乳房を押し潰すほど密着させ、ローザリンデの火照った耳元に囁いた。

「私たちは死が二人を分かつその時まで……いいや、君がどこに行こうと必ず追い掛けていく」

ズンと最後の一突きを最奥に打ち込む。

「ああっ……いいぃっ……」

ローザリンデの子宮から背筋にかけて快感の電流が駆け上る。やがてその痺れが脳髄にまで達した瞬間、熱い飛沫が奥深くに向かって放たれ、体を内側から焼いていくのを感じた。

＊＊＊

——近頃体調が悪い。

妙にだるい上に頭痛がし、日によっては半日寝込むこともあった。

今日はなんとか動けるが、明日は大丈夫かと心配だ。もう二ヶ月で国王の誕生日パーティーで、休む暇などないのに。

ヴァルターは侍女と召使いに任せろと言ってくれるが、王太子妃となった今、少しでもヴァルターの役に立ちたかった。

午前中は根性と努力で踏ん張って、なんとか招待状のサインを済ませた。だが、午後になるとどっと疲れが出て、結局休まざるを得なくなった。

ようやく気持ちを切り替えられて、前向きになったとたんこれだと情けなくなる。

ベッドに横たわりながらぽつりと呟く。

「私の体、どうしちゃったのかしら……」

丈夫だけが取り柄だったのに。

その後宮廷医の診察を受けたところ、絶対安静を強いられる羽目になった。なんとヴァルターまで出入りを禁じられている。

毎日のように様々な検査をされ、メイドたちに甲斐甲斐しく看護されると、さすがになんの病気なのかと不安になる。

宮廷医が再び現れた八日目の午後、ローザリンデは「先生」と思い切って質問をぶつけた。

「私はなんの病気なのでしょうか」

「病気？　いいえ、病気ではございません」

宮廷医は丸い顔に満面の笑みを浮かべた。

「ちょうど良かった。殿下にもいらしていただきましたので、検査の結果をお聞かせいたします」

宮廷医がメイドに合図すると、音もなく扉が開けられ、ヴァルターが寝室に足を踏み入れた。

「ローザリンデ……！」

相変わらず表情は乏しいが、慌てているのはわかる。こんなヴァルターは初めてだった。

「殿下、どうぞこちらへ」

宮廷医はヴァルターに椅子を勧めると、コホンと咳払いをしてローザリンデに目を向けた。

「大変お待たせいたしました。検査結果が判明したのでご報告申し上げます」

胸に手を当て深々と頭を下げる。

「殿下、妃殿下、おめでとうございます。ご懐妊でございます」

「えっ……」

一瞬、何を告げられたのかがわからなかった。

宮廷医は上機嫌で言葉を続けた。

「もう一ヶ月もすれば安定期に入りますから、国王陛下の誕生日パーティーには出席できるかと。あっ、ですが、ダンスや飲酒は禁止ですよ」

ローザリンデは実感のないままだ平らな腹を押さえた。

「……赤ちゃん？」

月のものが止まっていたのでもしやと思っていたが、この半年間、あれだけ抱かれても何もなかったので油断していた。

ヴァルターとの愛の結晶だと思うと、じわじわと喜びが込み上げてくる。

以前は身籠もるのを恐れていたのに、懐妊を告知された瞬間から意識が母親のそれへと変わる。

「嬉しい……」

同時に、父のオットーの好きにさせないと誓う。

この子はオットーの権力争いのための駒ではない。自分のようにヴァルターのように、意思を持った一人の人間として尊重されなければならなかった。

不意に名を呼ばれふわりと肩を抱き寄せられる。ヴァルターがいつの間にかベッドの縁に腰掛けていた。

「ヴァルター様、私たちの初めての子どもですよ」

「……」

ヴァルターは何も言わない。

ローザリンデはそのロイヤルブルーの瞳が、初冬の夜の海のように揺らいでいるのに気付いた。

「私は……その子を愛せるだろうか」

ヴァルターが初めて見せた不安だった。本人も自身の感情に戸惑っているのが伝わってくる。

「いい父親になれるだろうか？」

疑問形だがローザリンデにはわかる。ヴァルターは「いい父親になりたい」と望んでいる。

だが、自信がないからこんなことを言っている。

「ヴァルター様……」

まだ人の形を取っていないだろう、腹の赤ん坊と同時に、人間らしいヴァルターも愛おしくてたまらなくなる。

「――ローザリンデ」

「大丈夫です。だって、私たちの子どもですもの」

それにと言葉を続ける。

「私がいるじゃないですか」

ヴァルターの手を初めて自分から取って包み込む。

「もう、一人じゃないんですよ。私たちの二人の人生はこれから三人、四人、五人とどんどん増えて……きっと毎日うるさいくらい賑《にぎ》やかになります」

その頃には不安を感じる暇もなくなるだろう。そう思うとつい笑みが零れ落ちた。

＊＊＊

——この数ヶ月王宮でミリアムの顔を見ていない。

噂によるとどんなに身分の高い貴族や貴公子が彼女を誘っても、体調が優れないだの、馬車の車輪が壊れただの、理由にもならない理由で断るのだとか。

だが、さすがに国王の誕生日パーティーの招待は断り切れなかったようだ。

ミリアムは大広間に足を一歩踏み入れるなり、その場にいたすべての男性——なお、ヴァルターとアレクシスを除く——の視線をかっさらった。

桃色のドレスを身に纏った彼女は輝くように美しく、蜂が集まる薔薇さながらに男性客に取り囲まれてしまう。

ローザリンデはそんなミリアムを離れたところから見ていたが、体調が悪いと勘違いされたのだろうか。ヴァルターに庇うように抱き寄せられてしまった。

「大丈夫か、ローザリンデ。休んでもよかったんだぞ」

隣のヴァルターに耳打ちされ、支えるように背に手を回される。

「あっ、ごめんなさい。気分はいいくらいなんです」

安定期を迎えてから吐き気は収まり、逆に食欲が出てちょっと太ってしまった。宮廷医にも今度は運動をしろと注意されている。

何よりも正装姿のヴァルターが素晴らしく高貴で知的で、眺めるたびに興奮してしまい、むしろ元気百倍だった。

銀糸に縁取られた漆黒の上着は引き締まった体の線を、同デザインのズボンは足の長さを強調し、ヴァルターの存在感そのものを際立たせている。

この漆黒の正装姿はゲームに出てこなかったので、事態は予想できない展開になっているのだと気が引き締まった。

それにしても、ミリアムのモテっぷりはすごい。

「僕と一曲踊っていただけませんか」

「いいや、俺と」

「何を言っている。儂《わし》とじゃ」

もはや争奪戦となっている。

そんな中でミリアムのパートナーの座をかっさらったのは、ローザリンデが予想だにしていなかった人物だった。

アレクシスがさりげなく近付き、ミリアムの手を取りエスコートする。

たちまち群がっていた男性たちが引いていく。アレクシスも人目を引く美青年なので、敵わないと踏んだのだろう。

「えっ、お兄様、あんなことができたの」

ローザリンデの知るアレクシスは堅物で、ヴァルターに命令されてならともかく、女性をエスコートする印象がなかったので意外だった。家族でも知らない一面があるのだと驚く。

アレクシスがミリアムに何やら話し掛け、メイドから手渡されたワインを手渡している。ミリアムはふと微笑んで受け取ると、もじもじしながら口を付けた。

「……あら？」

まるで初めて恋をしたばかりの乙女に見える態度だ。そんなミリアムを見るのは初めてだった。

ローザリンデが思わず凝視したところで、閉ざされていた出入り口の扉が開かれる。

「国王陛下のおな〜り〜！」

円舞曲を奏でていた楽団が、すかさず仰々しい入場曲に切り替えた。

国王が少々足をふらつかせながらも、従者に支えられて大広間を横切っていく。

右隣には父のオットーが控えていた。国王の右腕なのだとアピールしているつもりだろう。

「あ〜、皆の者、今宵はよく来てくれた。どうぞ思う存分、踊り、飲み、食してくれ」

ヴァルターが代筆した主役の挨拶も酔っ払って無茶苦茶だ。しかし、もはや醜態が国王の常態となっているので、情けないとも思えなくなっていた。

皆一斉に拍手をし、口々に祝いの言葉を述べる。

ローザリンデも王太子妃という立場上、ヴァルターとともに挨拶に向かった。夫に続いてドレスの裾を摘まんで頭を下げる。

「国王陛下、お誕生日おめでとうございます。王太子妃としてなんとか勤まったのは、一重に陛下のご指導の賜物《たまもの》と拝謝いたします」

「うむうむ、よくできた妃だ。最近ますます艶っぽくなってきたな。息子の嫁にはもったいない」

「……」

公共の場で公然とセクハラなのだから呆れた。

「王妃様には敵いませんわ。私も将来ああなりたいものです」

もっとも、王妃は王妃で今夜は体調不良で欠席している。大方新たにできた若いツバメと遊んでいるのだろうが。

また、ローザリンデは姑を立てつつ当たり障りなく返して気付いた。

隣のヴァルターの手の筋がピクピクと震えている。顔にはまったく出していないが怒っているのだ。

近頃、ヴァルターが何を考えているのかよくわかるようになっている。そうした自分たちの一見何気ない、だが大きな変化が何よりも嬉しかった。

その後も臣下の夫人、令嬢たちと挨拶を交わしていたのだが、途中、従者に呼び止められ振り返る。

「王太子殿下、ターラント公国の外交官の方が挨拶をしたいと」

ヴァルターは外交官と会釈をすると、ローザリンデに「しばらく離れる」と目で伝えた。バルコニーで先日の話の続きをするようだ。

ローザリンデは「かしこまりました」と頷き、侍女とともに壁際に向かった。

「妃殿下、お疲れでしょう。何か取って参りましょうか」

「じゃあ、果汁をもらえるかしら。炭酸で割ったものがいいわ」

侍女を見送りほっと息を吐いて、休憩用の椅子に腰を下ろす。

「ローザリンデ」

間もなく威圧感のある重々しい声で名を呼ばれ、やはり来たかと肩をピクリとさせた。

オットーだった。

ずっと話し掛けるタイミングを伺っていたのだろう。

「よくやったな」

「……」

何がとは聞かなかった。

「これで我が家も安泰だ。よく務めを果たした。不妊と聞いていたが、なんだ。若いとどうにでもなるものだな」

臨月までは懐妊は極秘にしていたはずだ。大方買収された宮廷医の助手あたりが漏らしたのだろう。また、ヴァルターに不妊と偽って、別れようとした件も把握していたとは。こちらはメイドあたりに金をやったのか。

だが、今はそんなことはどうでもよかった。

オットーは尊大な表情でローザリンデを見下ろした。

「ローザリンデ、帰ってこい。所詮、お前はか弱く愚かな女の身。政《まつりごと》は私に任せておけ。あのような若僧よりよほどこの国をうまく動かしてみせる」

ゆっくりと顔を上げオットーを見据える。

「ヴァレンシュタイン公、私はすでにあなたの娘ではございません。王家に嫁ぎ殿下の妃となった身です」

目を逸らさず面と向かって反抗されるとは、予想すらしていなかったのだろう。オットーの顔色がみるみる怒りに赤く染まる。

だが、もう恐ろしいとは思わないし、萎縮することもない。淡々と言葉を続ける。

「この子は殿下と私の子。あなたの駒ではございません。決して手出しはさせない」

その一言は宣戦布告も同然だった。

「貴様……誰に物を言って……」

「口を慎みなさい」

ローザリンデはゆっくりと席を立った。父や兄と同じ、黄金色に近い琥珀色の瞳で睨め付ける。

「それはこちらのセリフです。一貴族に過ぎないあなたが、王太子妃である私に向かって、なぜそうも無礼な口の利き方ができるのです」

甘えも媚びも恐れもない、意志の強い凜とした声が響き渡る。

興味を引かれた招待客たちが、何が起きているのかと野次馬《やじうま》にやって来た。

「くっ……」

オットーは多少口惜しそうだったものの、結局最後まで謝らなかった。

「いつまでそう強気でいられるのか見ものだな」

それどころかニヤリと嫌な笑みを浮かべる。

「いずれアレクシスもお前も私に再び平伏せざるを得なくなる」

曲がりなりにも血を分けた娘へのセリフではなかった。

身を翻してドスドス足音を立てて立ち去る。

ローザリンデはその背を見送りながら、心臓が早鐘を打っているのに気付いた。父に立ち向かえた自分が信じられない。

「きっとあなたのお父様のおかげね」

そっと腹を撫でる。

ずっと心に纏わり付いていた澱《おり》が綺麗に洗い流された気分だった。

その後オットーが向かった先はやはり国王の隣で、口ぶりからしてもはやどちらが国王なのか疑う有様だった。

「ホッホベルク侯、先週の会議はなぜ欠席したのか？　あまり顔を出さないようでは忘れ去られてしまうぞ」

「……申し訳ございません」

「まあ、会議の顔ぶれも多くなり過ぎた。侯一人がいなくなったところで大して変わらんが」

国王はまだベロベロに酔っているので、代わって宰相が対応するのが仕方ないとはいえだ。

オットーは国王を舐め切っているのだろう。

オットーの尊大な態度に眉を顰める者も少なくなかった。

招待客に紛れた臣下二人がひそひそ陰口を叩いている。

「なんだ、いくら妃殿下の父親とはいえ、所詮一臣下に過ぎないではないか」

「どんな体たらくだろうと国王は国王だ。ヴァレンシュタイン公は何様のつもりなのか」

――父はこうした声が大きくなっていることに気付いているのか、あるいは気付いていないのか。

ローザリンデは溜め息を吐くしかない。気付いていたところで、なんの影響力もないと舐《な》めて掛《か》かっているのか。

ちなみに、代わって期待されているのがアレクシスらしかった。

「だが、息子のアレクシス殿は素晴らしい」

「ああ。ご自分が苦しい立場にあるからかもしれないが、謙虚で殿下の補佐にも熱心でいらっしゃる。いくら親子仲が悪いとは言え、あのような嫡男を勘当したとは……」

「しかし、ヴァレンシュタイン公に子息はアレクシス殿しかいないだろう。新たに妻を迎えてもいないと聞いたがこれからどうするつもりなのか」

ローザリンデは母の死後、父が何人もの愛人を囲い、娼館へ通ったことも知っていた。もちろん、後妻捜しにも積極的だった。

ところが、数年後に病を得て高熱を出して以来、再婚についてはパタリと口にしなくなっている。相変わらず女遊びには積極的なのだが。

ローザリンデは恐らく父はその際、生殖能力を失ったのではないかと推測していた。その証拠に関係を持ったであろうどの女との間にも庶子が生まれていない。

再婚を避けているのは、男性不妊になった事実を突き付けられるのを、避けるためだと思われる。

それらを踏まえて今後どう動いたものかと思案しつつ、愛する者の慣れ親しんだ気配に顔を上げる。

「リンディ」

――ヴァルターだった。

ターラント公国外交官との立ち話が終わったらしい。

ローザリンデは差し伸べられた手を取った。

「本当は踊りたいのに踊れないのが残念です。お腹《なか》の子も踊りたがっている気がして」

ヴァルターは薄い唇の端に笑みを浮かべた。

「生まれたら思う存分踊ればいい」

「あっ、でも、ヴァルター様は踊ってきてもいいんですよ」

王太子としての人付き合いがあるだろう。

しかし、ヴァルターはそっと真紅の巻き毛に口付けた。

「いいや、君以外と踊る気はない」

「……もう」

幸福な気持ちで胸が一杯になる。

同時に楽団の円舞曲が終わり、また新たな舞踏曲が始まるのに合わせ、何組もの男女が中央に躍り出る。中には今にも恋が始まりそうな、令息、令嬢の二人もいた。

微笑ましい思いで見守っていると、もうアレクシスと踊り終えたのだろうか。ワイングラスを手にしたミリアムが目に入った。

ヴァルターがなぜかミリアムに声を掛ける。

「ミリアム嬢」

ミリアムの手の中のグラスには白ワインとよく似ているが、少々緑がかった液体が波打っていた。

「その酒は……」

ヴァルターの視線が液体に向けられているのに気付き、ミリアムは困ったように首を傾げた。

「はい。先ほどワインのお代わりですとメイドからもらったのですが、どうも色が違うので返そうと思っていたところです」

「やはりそうか。それは私個人の薬酒だ」

精力剤のようなもので、こうした夜を徹しての宴の際には時折口にするのだとか。現代日本のスタミナドリンクのようなものか。

「厨房《ちゅうぼう》で取り違えたのだろうな。これは私がいただこう」

ヴァルターはミリアムからグラスを受け取ると、近くにいたメイドを呼んで、代わりの白ワインを持って来させた。

「ああ、それから妻にはリンゴの果汁を」

「あっ、ありがとうございます」

妊娠中の自分を気遣ってくれているのだと嬉しくなる。

三人のグラスが揃ったところで、ヴァルターはせっかくだからとグラスを掲げた。

「父上のご健康とロイトリンゲン王国のますますの繁栄を願って」

「――乾杯！」

ローザリンデが口にしたリンゴの果汁はほどよく冷えており、もう一杯ほしくなるほど程よく冷たく甘酸っぱかった。

ヴァルターも薬酒を味わいながら飲んでいる。少々多すぎたのか数センチ残したままグラスをアレクシスに手渡した。

どんな風味なのかと首を傾げる間に、突然、ロイヤルブルーの目がカッと見開かれたので息を呑む。

ヴァルターは喉を押さえて絶句していた。

「ヴァ、ヴァルター様、どうなさいました？」

つい先ほどまで正常だった呼吸が荒く、大きくなっている。

「うっ……」

ヴァルターは膝からくずおれ、そのまま仰向けに倒れてしまった。しかも、体がビクリ、ビクリと二度大きく痙攣する。

ローザリンデは真っ先に我に返り、ヴァルターの頭を膝の上に載せた。

「ヴァルター様!? しっかり! 誰か宮廷医を呼んで!」

いきなり王太子が倒れたので、大広間の招待客らが動揺しざわついている。国王もだ。さすがに唯一の息子の危機には慌てふためくらしい。

なのに、その中でただ一人、冷静どころか薄笑いを浮かべている人物がいた。

――他ならぬオットーだった。

ローザリンデはまさかと唇を噛み締める。

そうだ。父は手段を選ばぬ人物だった。まさか、ミリアムを使って先ほどの薬酒に毒を仕込んでいたのか。

オットーからすれば王太子妃となった娘が身籠もった今、もはやヴァルターは邪魔物でしかないのだろう。傀儡の国王が死んだ後にはこの腹の子が王位を継ぐことになるので、そのまま宰相を続けロイトリンゲン王国の全権を手中に収めるつもりだ。

やはりゲームのシナリオ通り、ヴァルターはバッドエンドに終わるのか。

「……そんなの、嫌よ」

低く呟くのと同時に誰かが呼んでくれたのか、衛兵と宮廷医が駆け込んでくる。

「すぐに殿下を医務室に運んでください! ああ、頭は横にして。ゆっくりとですよ」

ローザリンデもヴァルターに付き添い、宮廷医たちとともに大広間から出て行った。

「せっ……先生っ、助かりますか⁉」

「……」

宮廷医はなぜかローザリンデに顔を向けようとしない。

まさか、生存の可能性は低いのだろうか。

目の前が真っ暗になりながらも、しっかりしなさいと自分にカツを入れる。ヴァルターの伴侶たるもの、いつ何時も背を伸ばし、凜としていなければならないのだから。

だが、その心構えもヴァルターが生きていてこそなのだ。

泣き出したくなるのをぐっと堪える。せめてヴァルターのそばで一部始終を見守りたかった。

ところが、宮廷医に医務室に入るなと止められてしまう。

「妃殿下は外でお待ちください」

「でっ、ですが……」

「衛生上の問題がございますので」

そう諭されては引くしかない。

ローザリンデは手を組み、ただひたすら祈ることしかできなかった。

それからどれだけの時が過ぎたのだろうか。随分長かったようにも、短い時間を長く感じていたようにも思えた。

医務室の扉がゆっくりと開けられ、宮廷医が姿を表す。

「せっ、先生っ……」

宮廷医は唇を引き締めている上に、室内は静まり返っており、恐ろしくてヴァルターの容態を尋ねる勇気がない。

「どうぞお入りください」

宮廷医に言われるがまま、ふらつく足取りで足を踏み入れる。

ヴァルターは簡素な白いベッドの上に横たえられていた。

締め付けを楽にするためか上着は脱がされ、白いシャツ姿で布団を掛けられている。瞼は重々しく閉ざされており、慣れ親しんだロイヤルブルーの瞳は見えない。

ローザリンデはベッド近くで立ち竦んでいたが、「そんな……」と絶句し、跪いてヴァルターに縋り付いた。

「いっ……嫌ぁ！　嫌よ！」

身も世もなく泣き叫ぶ。

「神様……シナリオライター様でもなんでもいい。お願い。ヴァルター様を生き返らせて……！　代わりに私の命を差し上げますから……！」

ヴァルターの頬に触れ「お願いよ……」と、形のいい額にいくつも涙を落とす。

「あなたがいない世界なんて耐えられない……」

そこまで吐き出したところで、いくつもの違和感にふと首を傾げた。

まず頬が温かい。

「……。えーっと……」

手首を確かめると力強く脈打っている。

それどころか――。

「君の先ほどのセリフは殺し文句だったな。だが、君の命は受け取れないよ。君はもう私の子の母親でもあるのだから」

「……っ」

愛しい重低音の声がしたかと思うと、いつの間にかロイヤルブルーの目が開き、ローザリンデを映していたのだ。

いつの間にか隣に佇んでいた宮廷医が「いやいや、大変でしたよ」と肩を竦める。

「人の生き死にには立ち会っても、役者になった経験なんてないですからなあ。演技とは随分難しいものです」

「演技……?」

ローザリンデは呆然とヴァルターと宮廷医を交互に見つめた。

ヴァルターがやれやれといった風に体を起こす。

「君まで巻き込んで済まない。これは君の父上を罠にかけるための作戦だったんだ」

ヴァルターはこの芝居の役者はヴァルターと宮廷医だけではなく、アレクシスとミリアムも含んでいることを打ち明け、ここから先はローザリンデに協力してほしいと告げた。

「リンディ？」

ずっと黙り込んでいたからか、ヴァルターが首を傾げてローザリンデの顔を覗き込む。

「なんだ……そうだったの……お芝居だったの……」

なぜ自分に打ち明けてくれなかったのかと問《と》い質《ただ》すよりも、ヴァルターが生きていたことの方が嬉しかった。

「よかった……」

ヴァルターに抱きつき、ひたすらよかったと繰り返す。もう顔は子どもの泣き顔のようにぐしゃぐしゃになっていた。

「あなたが生きていて、本当によかった……」

ヴァルターがそっと背に手を回してよしよしとあやし、頭を撫でてくれるまで涙は止まらなかった。

◆◇◆◇◆

——王太子ヴァルターが突然倒れ騒然とする大広間で、オットーは一人落ち着き払っていた。

「殿下に何があったのかしら⁉」

「突然、だったわよね……」

「まさか、このまま目を覚まさないなどということは……」

隣に佇んでいた国王がオロオロしながら、オットーの上着の袖を掴む。

「ヴァ、ヴァルターはどうなった。一体なぜ倒れたんだ」

これほど愚かで好色な国王でも、さすがに我が子は心配になるらしい。

「陛下、ご安心を。何も不安などございません。体調を崩されただけでしょう」

子どもをあやすように宥めつつほくそ笑む。

まったく、あの若僧も父親くらい愚かであれば、命を落とすこともなかっただろうに。多少賢かったのが不幸だったのだと頷く。

いいや、やはり愚かだったのだろう。このヴァレンシュタイン公に楯突《たてつ》いたのだから。

いずれにせよ、錦《にしき》の御旗であったヴァルターを失ったことで、王太子派は総崩れとなるに違いなかった。これで宮廷政治はヴァレンタイン公派一色で染まる。

再びおのれの時代が来るのかと思うと、この宴もロイトリンゲン王国掌握の前祝いに思える。

メイドを呼び止めワインの注がれたグラスを受け取る。

王家が用意しただけあり、その味わいは絶品だった。

――先ほどヴァルターが呷《あお》った薬酒には即効性の毒薬、カンタリスが仕込まれている。これでヴァルターを暗殺しろとミアに渡しておいたものだ。

ようやくあの役立たずも仕事をしたかと満足する。

――ミアは遠縁の貴族の一人娘だった。

両親亡きあと執事が遺産を横領し、ミアを孤児院に放り込んで逃亡。

当時ミアはまだ三歳で、自分の姓を覚えていなかった。その後自分が貴族の令嬢だとも知らずに、平民の孤児として養育されている。

オットーがそんなミアを草の根を分けてでも探し当て、引き取ったのは、血は遠くても間違いなくヴァレンシュタイン家の血を引いているからだった。

オットー自身は妻の死後三年目に高熱で生殖能力を失っている。どれほど切望しようがもう新たな子を得るのは叶わない。

しかし、ローザリンデが子を産まなかった場合、あるいは自分を裏切った事態を想定し、スペアとしてもう一人娘が必要だった。しかし、ヴァレンシュタイン家は本家も分家も代々子が少ない。

そうした中で見つけたミアは最高の駒になるはずだった。美貌と女らしさを兼ね備え、かつ後ろ盾がなく不安定な立場なのだから。

ところが、ミアは身元と贅沢三昧《ぜいたくざんまい》を保証してやったのに、孤児院から離れるのを嫌がった。もう何年も平民と思い込んで生きてきたのに、今更貴族の令嬢になど戻りたくない。両親には悪いとは思うが、院長への恩返しにシスターになり、この孤児院に奉仕したいのだと。

ならば、その院長とやらの命は保証しないと脅すと、呆気なく抵抗を止めて泣きながらついてきたのだが。

その後息の掛かったブラウンシュヴァイク伯の亡き令嬢と入れ替え、六年掛けて貴族令嬢としての教育を施させ、社交界へと送り込んだ。ローザリンデが不妊だとの情報を掴んだからだ。不妊の娘など駒どころか邪魔物でしかない。早急にミアと入れ替える必要があった。

ところが、肝心のヴァルターがまったく靡《なび》かない。ローザリンデを溺愛しており、他の女に見向きもしない。

それどころか、色仕掛けを開始してしばらく経つと、ミアはオットーの作戦がヴァルター側にバレたと訴えた。

『公爵様……殿下はもう私が公爵様の送り込んだ女だと気付いていらっしゃると思います』

馬鹿なと呆然とした。

自分との繋がりが明るみに出ないよう、細心の注意を払ったはずだったのに。

野望の前に立ちはだかるヴァルターが心底忌々しかった。しかし、思い通りにならずに苛立つうちに新たな案が閃く。

多少老いてはいるが、ヴァルター以外にも王家の種馬がいるではないか。

国王には愛妾との間に庶子がいる。昨年も一人娘が産まれているので、まだ生殖能力は健在なはず。

ならば、まずヴァルターを暗殺し、続いて王太子の母の地位を失い、利用価値のなくなった王妃ゾフィーと離婚させればいい。その後自分が後見人となった娘と国王を再婚させ、王子が産まれれば万々歳だった。

『……最初からそうすればよかったな』

ミアは内情を把握しているので生かしておくことはできない。ならば、捨て駒として暗殺者に仕立て上げるまでだった。

ミアに匹敵する遠縁の娘はいないだろうが、国王はヴァルターほど好みが限定的ではなく、それなりの女なら誰でもいいというタイプだ。多少劣った娘でも満足してくれるだろう。

ミアには最後の仕事だと、ヴァレンシュタイン家の秘薬カンタリスを渡した。

『いつでもいい。この毒薬を王太子の口にするものに仕込んでおけ』

もちろん、ヴァルターを暗殺したのちには、口封じにミアの命も奪うつもりだった。

ところが誕生日パーティの前日、ロザリンデが懐妊したとの知らせが入った。天は自分に味方していると確信し、孫息子の摂政となる未来が見えた。

——勝利の美酒に酔《よ》い痴《し》れる中、招待客たちのざわめきが一層大きくなる。

全員の視線が出入り口に集中し動かない。

やかましさに気分を害しつつ、何事かと目を向けて絶句した。

ヴァルターが顔色一つ変えずに、再び会場に足を踏み入れていたからだ。隣ではローザリンデも微笑んでいる。

——なぜだ。なぜあの生意気な若僧が生きている。

オットーは信じられない思いでヴァルターを凝視した。

ヴァルターは眩しいほど美しく、かつ威風堂々としており、ローザリンデも誇らしげだった。

「……なぜ」

ギリギリと血が滲むほど唇を噛み締める。

カンタリスは即効性の最強の毒薬のはずなのに。その恐ろしさはヴァレンシュタイン家当主ならば誰よりもよく知っている。

なのに、どういうことなのか。

談笑していたヴァルターがふと視線をこちらに向ける。

嫌な汗が背筋を流れ落ちる。

オットーは大丈夫だと自分に言い聞かせた。

単に暗殺が失敗しただけだ。今後も機会はいくらでもある。

ところが、ローザリンデの背後からミアが現れ、真っ直ぐに指差された時にはさすがに平静でいられなかった。

「な、なんだ。無礼な。私を誰だと思っている」

ミアは震える声で「あの人です」と告げた。

「あの人に……ヴァレンシュタイン公にあの薬酒を殿下に渡せと頼まれたんです」

「何を言っ」

次の瞬間、招待客を掻き分けて現れた、衛兵たちに力尽くで取り押さえられた。抵抗し、弁明する時間すら与えられなかった。両手を背後で縛り上げられ、床に俯《うつぶ》せに押し付けられる。

「わ、私を誰だと思っているっ……！」

それでも現実を受け入れられずにがなり立てる。

ヴァルターはオットーを一瞥《いちべつ》すると、アレクシスから先ほどの毒杯の残りを受け取った。

直後に、ぐいと呷って中身を飲み干してしまう。

オットーは目を剥いたが、ローザリンデは冷静そのものだ。そして、ヴァルターは先ほどのように倒れないどころか、一分、二分、三分経ってもケロリとしていた。

唇の端を上げて不敵に微笑む。

「効きの悪い毒薬だったな」

その一言ですべてを悟ってしまう。

ミアを利用するつもりが利用され、嵌《は》めるつもりが嵌められたのだと。

オットーはヴァルターの姿をした死に神が、大きな鎌を自分に振り下ろす錯覚を見た。

「貴様ぁぁぁああああ！」

誰もが震え上がる声で怒鳴ったがもう遅い。負け犬の遠吠《とおぼ》えでしかなかった。

＊＊＊

――後日、ローザリンデはヴァルターからすべての真相を打ち明けられた。

なお、場所は王太子夫妻の寝室、もちろんベッドの上である。

ミアは人質を取られてオットーに脅迫され、ミリアムの身代わりになりヴァルターを誘惑したのだという。しかも、自分のスペアだったと聞かされ呆《あき》れ果《は》てた。

「お父様はもうそうした人だとはわかっていましたが……」

それにしてもあらためて腹が立つ。

「ミア嬢が一度私の暗殺に失敗したのち、味方にならないかと交渉したんだ。ミア嬢はそれを受け入れてくれてね」

その後事件はヴァルターとアレクシス、ミアだけの胸のうちに収められ、続いてオットーの罪を暴き、公衆の面前に晒す計画の段取りがなされた。

「ミアさんの証言だけではいけなかったのでしょうか？」

「証拠としては弱すぎた」

ミリアムの乳母やミアの証言だけでは裏付けがない。ブラウンシュヴァイク伯も実の娘とミアの入れ替えは認めても、オットーによる王太子暗殺計画までは把握していなかった。

だから、有力貴族が結集する舞踏会で、舞台を整え、一芝居打つ必要があったのだと。

「君に何も言わなかったのは、君の周りにスパイがいたからだ。作戦を知られるわけにはいかなかった」

「ああ……」

ヴァルターに不妊だと偽ったことも、その後妊娠したこともオットーにばれていたのだ。ヴァルターの指摘したとおりなのだろう。

「すまなかったな、不安にさせて」

「……」

ポスンとヴァルターの胸に頭を預ける。

ヴァルターはよしよしと髪を撫でてくれた。

「私はヴァルター様が元気で、幸せであってくれさえすればいいんです」

自分の気持ちよりもヴァルターの方がずっと大切だ。

「私もだよ、ローザリンデ。この世で愛するのは君だけだ」

抱き合い、もっと深く繋がりたくなったが、何せ妊娠中なので無理はできないのが残念だった。

温かい胸の中でそっと呟く。

「ミアさんはこれからどうするつもりなんでしょう」

ミアは全面的に被害者で、オットーに脅迫されていただけだと判明している。ヴァルターの暗殺未遂事件も表沙汰にはなっていないので、現在無罪放免となり、自由の身となっていた。

「ミアの生家の再叙爵の手続き中だ」

ミアが貴族の血筋だというゲームの知識はあった。しかし、遠縁とはいえ自分と血の繋がりがあったとは、先日教えてもらって初めて知った。

まさかそんな裏設定があったとは。

「ということは、貴族に復籍するつもりなんですね」

「ああ、一人娘だからな。嫁ぐにせよ、婿を取るにせよ貴族に戻らなければ」

何せ圧倒的ヒロイン力なのだ。これから雨あられと縁談が持ち込まれ、貴族、貴公子たちからは求婚されることになるだろう。

今度こそミアの物語が始まるのだろうか。

「ミアさんは一体誰を選ぶのかしら」

瞼を閉じて思いを馳《は》せる。

「ああ、それはもう――」

ヴァルターの声を聞く前にはっとして腹を押さえる。

「リンディ、どうした」

「今、動いた気がして。ほら」

ヴァルターの手を取り腹に当ててやると、ロイヤルブルーの目がわずかに見開かれた。

「本当だ」

「でしょう⁉」

喜びの余り抱き合ってしまう。

その後は事件のこともオットーのこともすっかり忘れて、二人で新しい命の未来について夜が更けるまで語り合った。

＊＊＊

――今日は数年ぶりの里帰りの日だ。

ローザリンデの生家ヴァレンシュタイン家の本邸は、王都から馬車で二時間の位置にある。近いのでその気になれば帰郷は簡単だったが、今まではオットーがいると思うと足が向かなかったのだ。

しかし、今は近付くごとに胸が弾んでいる。馬車の軽い揺れすら喜びのリズムに思えた。

「あなたも楽しみよねえ」

ローザリンデは胸の中の赤ん坊に頬ずりをした。

「伯父様に会うのは初めてでしょう？」

赤ん坊がキャッキャと笑う。

父親と同じ柔らかな銀髪にロイヤルブルーの瞳で、まだ生まれて半年しか経っていないのに、もう顔立ちがヴァルターそっくりで笑えた。

隣に腰を下ろしていたヴァルターが赤ん坊の頬を指先で擽る。

「イザークは今日もご機嫌だな」

というよりは、ご機嫌でない日が少ない。

イザークは容姿こそヴァルターそっくりだが、内面は正反対と言っていいほど違う。陽キャそのものなのだ。

這《は》い這いに失敗して顔を床にぶつけても、ぐっと堪えて体を起こし、やってやったとばかりにニッコリ笑う。

ヴァルターはその笑顔がローザリンデそっくりだとことのほか喜んだ。

「私はヴァルター様そっくりだと思うんですけどね」

「性格や表情はローザリンデ似だ」

ヴァルターは「この子の顔もわかる」と愛おしげに呟く。

「……ヴァルター様？」

「愛する者が増えていくのは幸福なことだな」

親子三人で笑いながら戯れる間に、馬車はヴァレンシュタイン公爵邸に到着し、待ち構えていた門番が門を開けた。

すでに屋敷の扉は開け放たれており、あらたな主人となったアレクシスが手を振っている。

「ローザリンデ、お帰り！」

「お兄様、ただ今！」

イザークを抱いて階段を上がると、アレクシスはヴァルターと妹を交互に見、「お二人にそっくりだ」と笑った。

「さあ、中に入ってくれ」

「妃殿下、お帰りなさいませ！　お待ちしておりました！」

迎え出た執事も、メイドも、皆表情が明るい。とにかく人に厳しく、些細《ささい》な失敗でもすぐ叱責し、解雇していたオットーがいなくなったからだろう。

オットーは逮捕されたのち、裁判を受け、この屋敷どころか王都から追放されていた。

何せ国内の有力貴族のほぼすべてが出席していた、国王の誕生パーティーで恐れ多くも王太子を暗殺しようとしたのだ。

追放先は絶海の孤島で、二十四時間監視され片時の自由もない。囚人服に粗末な食事、そして鉄格子の中でたった一人、死ぬまで暮らし続けることが、オットーに課された罪だった。

辛うじて斬首系にならなかったのは、王太子妃の父親を死刑囚にしてはならないという、王家の配慮というよりは面子からだった。

代わって新たなヴァレンシュタイン公となったのがアレクシスだ。

元々正統な嫡男だったからだけではない。今後のヴァルターを中心とした新体制の安定ためにも、アレクシスが公爵位を継承するべきだと見なされたのだ。

現在、社交界での話題はもっぱらアレクシスの結婚についてだ。

何せ王太子の右腕にして若き筆頭公爵、優秀であるのはもちろん、人格面も優れているとなれば、未婚の令嬢たちが目の色を変えないはずがない。

有力貴族たちも姻族となるのを望み、雨あられと縁談が持ち込まれているのだとか。

だが、今のところアレクシスはそのすべてを断っていた。

表向きは宮廷政治でも、ヴァレンシュタイン家の当主としても、仕事が山積みなのでそんな暇はないとのことだったが――。

家族の居間に案内され、家族三人で長椅子に腰を下ろす。

アレクシスは向かい側に座ると、「よく来てくださいました」とヴァルターに礼を述べた。

「明日はヴァルター様とイザークと一緒にお母様のお墓にお参りをしたいの」

「ありがとう。きっと母も喜んでくれるだろう」

ローザリンデは自分たちは家族三人なのに、アレクシスが一人なので物足りないように感じる。

アレクシスは結婚するつもりはないのだろうか。

余計なお節介は焼きたくないので、口には出さないがやはり心配だった。

アレクシスは人を思いやれる優しい男だとは、育てられたローザリンデが一番よく知っている。身分も容姿もどうでもいい、アレクシスが心と分かち合える誰かと、幸せになってほしかったのだ。

「ん、なんだローザリンデ。俺の顔に何かついているのか?」

「ううん、なんでもないわ。久しぶりだったからつい」

誤魔化すつもりでお茶に手を伸ばそうとしたところで、「失礼します」と居間の扉が二度叩かれた。

「どうした」

「そ、その、つい先ほどお客様がいらっしゃいまして」

「客?」

アレクシスがはっとして長椅子から立ち上がる。

同時に、メイドの背後から「アレクシス様、また来ちゃいました!」と黄色い声が聞こえた。

聞き覚えのある声にローザリンデも息を呑む。

――まさか。

髪をピンクブロンドに戻したミアがひょいと顔を出す。目一杯お洒落《しゃれ》してきたのだろう。瞳の色と同じエメラルドグリーンのドレスがよく似合っていた。

ローザリンデとアレクシスにも笑顔を振りまく。

「あらっ、殿下と妃殿下もいらっしゃったんですね。その節はお世話になりました！」

「み、ミアさん……その……性格が明るくなったわね？」

あのか弱さはどこへ行ってしまったのか。

「私、どちらかと言えばこういうタイプなんです。貴族社会に慣れていなかった頃には緊張しちゃって、ストレスで自分を見失っていました。こんな性格だから院長先生には、〝あなたにシスターは無理よ〟って言われちゃったのかしら」

ミアはニッコリ笑うと、アレクシスにつかつかと歩み寄った。

「アレクシス様、先日のお返事をいただきにきました」

はて、なんの返事だろうと首を傾げていると、アレクシスが気まずそうに白状した。

「実はその……ミア嬢に求婚されていて……」

「え、ええっ⁉」

「そうなんですよ。私の唇を奪ったんだから責任を取ってもらわないと」

「ちょっ……お兄様、ミアさんと何があったの⁉」

「違うんだ、ローザリンデ。あれは事故で……！」

ローザリンデが新事実に次ぐ新事実に度肝を抜かれる間に、ミアが「お二人には結婚の証人になってもらいたいな」と頷く。

現実でのアレクシスルートは結婚から始まるドタバタ劇になりそうだった。

# エピローグ

国王と王妃が健康の悪化を理由に譲位すると発表したのがその翌年のこと。翌々年には新国王と王妃の戴冠式が執り行われることになった。

当日の天気は雲一つない晴天だった。

抜けるような青が目に眩しい。

そんな空の下にあるバルコニーから、ローザリンデは階下の庭園に集う国民に手を振った。

「新国王陛下、新王妃陛下、ばんざーい！」

冠が時折ずれてしまいそうになるのも愛嬌《あいきよう》だ。

「うう、やっぱり重い……」

王妃の王冠は国王のそれに比べれば、ずっと小さく軽いはずなのに、首が凝って仕方なかった。

ちらりと隣のヴァルターを見る。

世界最大級のダイヤのあしらわれた王冠と、国王だけが羽織れる純白の毛皮のマント、深いアメジスト色の上着とズボンが誂《あつら》えたように似合っている。

端整な横顔に見惚れながら、それにしてもとこの二十二年の人生を振り返った。

十八年間悪役令嬢で、四年間悪役王太子妃、更に、悪役王妃になってしまうとは。

いいや、もう悪役ではない。ヴァルターの隣に並び立つ王妃だ。

変わった今と未来を噛み締めつつまた手を振る。

途中、ヴァルターが腰を屈めて耳元に囁いた。

「今日の君は一層綺麗だ」

「えっ……」

「明日はもっと美しいのだろうな」

喜びが顔に出ていたのだろうかと恥ずかしくなる。

ローザリンデは顔を赤くしつつ「ありがとうございます」と笑った。

そして、その頬はその夜もっと色濃く赤くなることになる。

新国王夫妻は仲睦まじく、王太子時代から一夜以上、離れて眠ったことがないと有名だ。

しかし、そんな二人にも特別な夜はまだあった。

今夜は脱衣所に召使いたちの姿はない。二人きりの入浴は初めてだった。

もう何度も抱かれているはずなのに、ランプの明かりに照らし出される中、ヴァルター手ずから服を脱がされていくのは羞恥プレイに近かった。

戴冠式で疲れ切った心身を解きほぐすためだと説明されているが、これではリラックスするどころかますます心臓が早鐘を打ってしまう。

足下にまず薄衣の寝間着が、続いてシュミーズが衣擦れの音を立てて落ちる。

すでに二児の母でありながら、その肌はきめ細かく滑らかで、乙女を思わせる清らかな白さである。一方、一層豊かとなった乳房は妖しくふるふると揺れていた。

ヴァルターはみずからの寝間着を脱ぎ捨てた。

ローザリンデが均整の取れた見事な体躯に見惚れる間に、両の乳房に手を這わせやわやわと揉み込む。

「ぅぁっ、ヴァルター様っ……」

下乳の線をなぞられると、全身が粟立ち首筋がぞくぞくした。

「この胸がもう私だけのものでなくなったことが残念だ」

「あっ……ん」

「いくら息子とはいえ少々妬《や》けるな」

「……っ」

ローザリンデは王家の慣習ということもあって、乳母を雇いはしたものの、子育ては自分中心に行っていた。

親に愛されているということを実感して育ってほしかったからだ。愛を知らない大人だけにはなってほしくなかった。もちろん、授乳もだ。

その甲斐《かい》あって息子のイザークは最近ようやく乳離れしている。まさか、イザークにヴァルターが嫉妬していたとは。

「揉み心地が少々変わったな」

ヴァルターが弾力が増したと感心したように呟く。

「ヴァルター、さま、こんな、ところでっ……」

ローザリンデの切れ切れの訴え聞き何を思ったのか、不意にローザリンデを横抱きにして抱き上げた。

「きゃっ」

思わずヴァルターの首に手を回す。

新たに完成した浴室は円形で広々している。中央の浴室もやはり円形で、プールと見紛う広さだ。床には異国情緒溢《あふ》れるタイルが敷き詰められていた。

天井には天窓が設けられており、一際明るい満月の月明かりが差し込んでいる。浴槽にたっぷり湛えられた湯が黄金色に輝いていた。

この浴室は砂漠の国の王族の湯殿を模しているのだとか。

それにしても、いくらランプがあると言っても夜なのだ。これほど明るいとは思わなかった。

体の隅々も丸見えではないかと焦る間に、浴槽の縁にそっと背をもたせかけられる。

湯の温もりに触れてほっとしたのも束の間、次いでヴァルターが浴槽に足を踏み入れ、ローザリンデの体を持ち上げ、膝の上に載せた。

ローザリンデの肩甲骨がヴァルターの厚い胸に当たる。

「あっ」

ヴァルターは背後から手を回すと、先ほどの続きだと言わんばかりに水に濡れた乳房に触れた。

「んんっ……」

先ほどとは違って強く激しく揉み込まれ身悶える。乳房に打たれた湯が撥《は》ね、ローザリンデの長い真紅の巻き毛を濡らした。

ほのかな薔薇色に染まった敏感な先端が硬く膨らむのが自分でもわかってしまう。

「あっ……あっ……やんっ」

剣を握るために短く切られた爪が柔肉に食い込む。その痛みすらたちまち快感に変換された。

不意にヴァルターの右手が離れ、力なく開いた脚の狭間に滑り込む。

「ひゃんっ」

全身がビクリとする。

指で花心を擦られ、執拗に蜜坪の内部を探られ、視界にチカチカと火花が散る。同時に、左手ではまだ胸を弄ばれ、二箇所の弱点への刺激に頭から徐々に思考が抜け落ちていった。

なのに、臀部《でんぶ》の二丘の狭間にぴったりと密着している、すでにいきり立ったヴァルターの分身の感触ははっきりと意識してしまう。

「子を産んだとは思えないな。君の中はまだこんなにもきつい」

「……っ」

耳元で囁かれるヴァルターの低く甘い声は媚薬だ。ヴァルターが体を弄るたび、感じて身悶えするたびに跳ね上がる水音も、浴室の音響効果もあって淫靡に響いた。

「あっ……あっ……ああんっ……ヴァ、ヴァルター様っ……」

濡れた赤毛を振り乱し、身も世もなく首を横に振る。

「どうしたローザリンデ」

「おっ……お願いっ……」

「何がほしいんだ」

「それはっ……」

恥ずかしくて口籠もった拍子に、不意に正面の壁に貼られた鏡が目に入る。

そこには口をだらしなく開き、目は虚《うつ》ろな、淫らに反応する自分の姿があった。

「答えられないのか」

「……っ」

ヴァルターは「仕方ないな」と唇の端に笑みを浮かべた。

「君がほしいものは私だろう」

ローザリンデが頷く前に「それ以外与える気もないが」と呟き、再びローザリンデを抱き上げて浴槽の縁に腰掛けた。

今度は向かい合う体勢を取ると、ローザリンデの足を大きく開かせ、ひくつき、蜜を漏らす蜜口をおのれの肉の剣の切っ先に宛がう。

「あっ……」

豊かな胸の谷間に雫《しずく》が零れ落ちた次の瞬間、ばしゃんと音がしてローザリンデの体がヴァルターの上に落とされた。

「あああっ……」

最奥まで貫かれた衝撃に背を限界まで仰け反らせる。そのまま背後に倒れそうになったところで、ヴァルターがすかさず腰に手を回してなよやかな女体を支えた。

ローザリンデは上下に揺すぶられ、激しい呻きに悲鳴に近い嬌声を上げた。ヴァルターから与えられる熱が、腹の奥にまでせり上がってくるのを感じる。

水音が自分の体の中から響いているのか、自分たちの動きによるものなのかもうわからなかった。

快感のままにヴァルターに縋《すが》りつく。

内壁を剛直で何度も擦られ、摩擦熱で擦り切れてしまいそうだ。いいや、内壁だけではなく全身も。

このままドロドロと溶けて、湯と一体化する錯覚すら覚えた。

「あ、あ、ああ……」

黄金色に近い琥珀色の瞳から涙が零れ落ちる。天窓から差し込む月光が反射してキラリと煌めいた。

「リンディ、愛している」

私もと答えようとしたのだがうまくいかない。

ヴァルターから与えられる愛はいつも焼け焦げるほどに熱くて、リラックスさせるどころか、身も心も焼き尽くしてしまうからだ。

それでも、ローザリンデは「……も」と途切れ途切れの声で答えたのだった。

「私も、あなただけを愛しています、私だけの王子様」

今はもうヴァルターとの永遠を信じられる——そう思える自分自身が何よりも嬉しかった。

# あとがき

はじめまして、あるいはこんにちは。東 万里央です。

このたびは「転生悪役王太子妃は推しの幸せのため離婚したい！ なのに旦那様の溺愛が止まりません⁉」をお手に取っていただき、まことにありがとうございます。

何気に初の異世界転生×悪役令嬢ものになります。

私が異世界転生×悪役令嬢ものを初めて読んだ時、脳内で「？」が乱舞しました。

当時ゲームといえばドラクエとスーパーマリオの知識しかなく、乙女ゲームというジャンルがあることとすら知りませんでした。

「悪役令嬢？」「えっ、ゲームの世界に転生ってどういうこと？」と戸惑った昔が懐かしい。

しかし、あれからウン年。

ゲームもやるようになって気が付くとすっかり馴染み、恋愛ファンタジーといえばこれだ！ というようになっています。

この作品の場合は婚約破棄される悪役令嬢ではなく、もう結婚しちゃったあとの王太子妃でしたがいかがでしたでしょうか。

話は変わるのですが、私は銀髪やシルバーブロンド、プラチナブロンドのキャラが男女問わずとにかく好きです。

神秘的でクールな印象がたまりません。

この拙作に登場したヴァルターで、脇役も合わせると男女合計で七人目くらいになります。

一体この趣向はどこで生まれたのか？　と記憶を辿り、中学校時代推しだったラノベの美少年キャラが銀髪だったことを思い出しました。

思春期の刷り込みとは恐ろしい……

同じくローザリンデのような赤毛キャラも好みで、こちらは三人目でしょうか。

全員情に厚いタイプです。

赤毛好きは幼少期読んだ「赤毛のアン」シリーズ由来という気がします。

アン自身は「ニンジンみたい」とか、「ひどい赤毛」とからかわれ、「ダイアナのような黒髪だったら良かったのに……」とよく悩んでいたようですね。

しかし、私は「赤い髪なんてカラフルで素敵！」と思っていました。

実際の赤毛はオレンジに近い色でしたが、海外旅行に行った際赤毛の方を見て、やっぱり綺麗だと感動。

いつか本物の銀髪も見てみたいものです。

また、ふと逆に自作の中で少ない髪色はなんだろうと記憶を辿り、ヒーローには茶系の髪がいないのに気付きました。ヒロインには結構いるのですが。

この理由はまったく不明です。

なぜなのか……。

目の色だとブルー系が多い気がします。

ロイヤルブルー、サファイアブルー、アイスブルー、アクアマリンブルー、セレストブルー、ブルーグレー等々。

ブルー系の色はバリエーションが多く、想像しやすい命名がされているので使いやすいです。


さて最後に担当編集者様。

いつも適切なアドバイスをありがとうございます。今回もおかげさまでなんとか仕上げることができました！

表紙と挿絵を描いてくださったＫＲＮ先生。

素敵なヒーローとヒロインをありがとうございます。クールな王子様と情に厚いお嬢様、イメージしたとおりの二人でした！

また、デザイナー様、校正様他、この作品を出版するにあたり、お世話になったすべての皆様に御礼申し上げます。

令和五年ももう一ヶ月ちょっと。

つい最近正月を迎えたと思っていたのに、気が付けば来年の正月の方が近くなっていた……。

まさに光陰矢のごとし。恐ろしや。

どうぞ皆様も時間とお体を大切にお過ごしください。

それでは、またいつかどこかでお会いできますように！

東　万里央

蜜猫 Mitsuneko Label F

蜜猫F文庫をお買い上げいただきありがとうございます。
この作品を読んでのご意見・ご感想をお聞かせください。
あて先は下記の通りです。

〒102-0075 東京都千代田区三番町 8 番地 1 三番町東急ビル 6F
(株)竹書房　蜜猫F文庫編集部
東 万里央先生 /KRN 先生

# 転生悪役王太子妃は推しの幸せのため離婚したい！
## なのに旦那様の溺愛が止まりません⁉

2023 年 11 月 29 日　初版第 1 刷発行

著　者　東 万里央　
発行者　後藤明信
発行所　株式会社竹書房
〒102-0075 東京都千代田区三番町 8 番地 1 三番町東急ビル 6F
email : info@takeshobo.co.jp
デザイン　antenna
印刷所　中央精版印刷株式会社

犬咲
Illustration すらだまみ
契約婚の花嫁は
甘々胃袋シェア婚
はじめます
呪われ王太子の
旦那様に
美味しくいただかれました!?
あの場で君だけが鮮やかに、
瑞々しく色付いて見えた
呪いで食事をうまくとれなくなった王太子クラウスに健康的な食欲とボディを見込まれ結婚を申し込まれたエマ。魔紋と性行為によって摂取した栄養を分け合えるというのだが、クラウスは行為の日にちを決め、夫が妻に恋情を抱くのを禁止した契約書を作ってくる。「君の、おっぱいは美味しい」これはあくまで便宜上の結婚で勘違いしてはならないと、自制するエマだが、クラウスは、甘〜い言葉と指先で巧みにエマをとろかして!?
蜜猫F文庫